Reinhard Schröter & Tatjana Degenhardt

Bodensee

Wanderungen für die Seele

20 Wohlfühlwege

Droste Verlag

ALLE WANDERUNGEN AUF EINEN BLICK

TOUR 1: PANORAMA UND BLÜTEN — 7
Rund um Sipplingen
12,8 km | 440 Hm | 4 Std. | Rundweg

TOUR 2: NATURIDYLL — 19
Die Halbinsel Mettnau
7,9 km | 30 Hm | 3 Std. | Rundweg

TOUR 3: SEE & ERZÄHLUNGEN — 25
Auf dem Wasserweg bei Wallhausen
5,5 km | 145 Hm | 1,75 Std. | Rundweg

TOUR 4: GRÜEZI SCHWIIZ — 33
Traumrunde oberhalb Mammerns
15,5 km | 440 Hm | 5 Std. | Rundweg

TOUR 5: TIEFE SCHLUCHTEN — 43
Dornbirn mit Rappenlochschlucht
15,5 km | 585 Hm | 6 Std. | Rundweg

TOUR 6: GIPFEL & STOLLEN — 53
Die Pfänder-Überschreitung
14,9 km | 660 Hm | 6 Std. | Rundweg

TOUR 7: VERSCHLUNGENE PFADE — 65
Rund um die Ruine Altbodmann
10,2 km | 400 Hm | 4 Std. | Rundweg

TOUR 8: TRAUMHAFT SCHÖN — 73
Fünfländerblick und Rossbüchel
15 km | 850 Hm | 5 Std. | Rundweg

TOUR 9: BERGWEGE & TIEFBLICKE — 81
Über den „Schreckweg" auf den Kapf
11,8 km | 745 Hm | 5 Std. | Rundweg

TOUR 10: SONNIGE WEINBERGE — 93
Entlang des Hochrheins
12,4 km | 200 Hm | 4 Std. | Rundweg

TOUR 11: REBEN & RUINE — 103
Rund um den Hohentwiel
7,6 km | 290 Hm | 2,75 Std. | Rundweg

TOUR 12: LOKALE KÖSTLICHKEITEN — 111
Umrundung der Gemüsehalbinsel
17,2 km | 180 Hm | 5 Std. | Rundweg

TOUR 13: GENUSS PUR — 119
Entlang des Meersburger Ufers
9,5 km | 100 Hm | 3,5 Std. | Rundweg

TOUR 14: NATUR & KULTUR — 127
Kloster Birnau und Egelsee
13,3km | 120 Hm | 4 Std. | Rundweg

TOUR 15: WASSERSCHAUSPIEL — 135
Zum größten Wasserfall Europas
15,2 km | 160 Hm | 3,5 Std. | Rundweg

TOUR 16: MALERISCHE KULISSE — 145
Durch die Klingenbachschlucht
9,5 km | 200 Hm | 3 Std. | Rundweg

TOUR 17: SEE & WALD — 155
Durch den Mainauwald
11,8 km | 400 Hm | 3,5 Std. | Rundweg

TOUR 18: LICHTSPIELE — 163
Eriskircher Ried entlang der Argen
19,9 km | 150 Hm | 6 Std. | Strecke

TOUR 19: ÄPFEL & GESCHICHTE(N) — 171
Entlang der Aach
14,8 km | 285 Hm | 5 Std. | Rundweg

TOUR 20: GENIESSEN & STAUNEN — 183
Entlang des Konstanzer Bodenseeufers
8,9 km | 30 Hm | 2,5 Std. | Strecke

Liebe Wanderfreunde und Auszeitsucher,

damit Sie sich beim Wandern rund um den Bodensee so richtig wohlfühlen, haben wir für Sie 20 Touren zusammengestellt, die ihren Schwerpunkt auf das Entspannen und das Seele-baumeln-lassen legen.

Jede Tour hat Besonderheiten: Traumhafte Panoramablicke, Orte, die uns Ruhe schenken, andere Orte inspirieren uns und bringen fast grenzenlose Energie.

Unsere westlichste Tour, der bekannte Rheinfall bei Schaffhausen, zeigt die Kontraste des Wassers: einerseits ruhig fließend, wenig später über 23 Meter tosend über die Klippen hinabstürzend.

Wir erkunden eine der größten Burgruinen Deutschlands und schlendern durch verschiedene Weinberge. Unvergleichliches Panorama dürfen wir z. B. bei den Rundtouren Mammern am Untersee, dem Fünfländerblick bei Romanshorn und der Überschreitung des Pfänders, des höchsten Berges am Bodensee, genießen.

Eine kleine, wildromantische Schlucht wird in Öhningen und eine der größten Schluchten Mitteleuropas in Dornbirn durchwandert. Begleitet von Schmetterlingen und singenden Vögeln erleben wir die Natur von ihrer schönsten Seite.

Für das leibliche Wohl ist natürlich auch gesorgt. Unsere Einkehrtipps, meistens mit regionaler Ausrichtung, sind persönlich getestet und für gut befunden. So haben wir auf jeder Tour genügend Möglichkeiten, uns zu stärken.

Sicher ist: Nur wer um den Bodensee wandert, lernt ihn richtig kennen!

Viel Freude beim Wandern für die Seele am Bodensee wünschen

Tatjana Degenhardt & Reinhard Schröter

NATUR-INFO

KULTUR-INFO

TOUREN-/EVENT-INFO

GENUSS-INFO

- 12,8 Kilometer
- 440 Höhenmeter
- 4 Stunden
- Rundweg

Frühlingsblüte

Auszeittour 1

Panorama & Blüten
Rund um Sipplingen

Ausgangspunkt für unsere heutige Rundtour ist der Wanderparkplatz P1 in **Sipplingen.** Dieser liegt oberhalb der Bundesstraße am westlichen Ortsrand. Vorbei an den drei Stellplätzen für Wohnmobile wandern wir aus Sipplingen hinaus. Kurz in Richtung geologischer Lehrpfad. Die asphaltierte Straße führt leicht bergauf und schon wenige Meter nach unserem Start hören wir rechts neben uns ein Bächlein plätschern. An der ersten Kreuzung biegen wir links ab. Der Aussichtspunkt Roßhimmel ist unser erstes Zwischenziel. Kurz nach dem Abzweig wechselt der Belag von Asphalt zu einem Feldweg. Dieser Teil unserer Tour nennt sich auch **Blütenweg.** Er verläuft nur mit geringen Höhenunterschieden oberhalb des Bodensees und begeistert uns jeden Meter, den wir wandern, aufs Neue mit unglaublich schönen Blicken auf den See. Zahlreiche Bänke laden zum Verweilen und Genießen ein. Jede noch so kurze Pause erhöht die Qualität unserer Auszeittour, das tut einfach nur gut. Im Frühling können wir eine Vielzahl blühender Bäume und Pflanzen bewundern.

Rechts des Weges entpuppt sich ein überdachtes Häuschen als Wildbienenstand. Nur etwa 25 Prozent der Wildbienen nisten in überirdischen Nestern, die sie selbst bauen. Die restlichen 75 Prozent leben im Boden. Die kleinste Art der Wildbienen wird nur 4 Millimeter groß. Während ihres meist einjährigen Lebenszyklus sind sie gemeinsam mit den Honigbienen bei der Bestäubung der Pflanzen sehr wichtig.

Wildbienen haben bei der Bestäubung von Wild- und Nutzpflanzen eine große Bedeutung. Die „Einsiedlerbiene", wie sie auch genannt wird, lebt meistens alleine. Der Stachel der Wildbiene kann nicht durch menschliche Haut stechen.

 Auszeittour 1

So lassen wir das „Insektenhotel am Blütenweg" hinter uns und widmen uns wieder der schönen Aussicht auf den Bodensee. Dieser liegt wie ein Spiegel unter uns. Zu dieser frühen Jahreszeit fahren noch nicht so viele Boote hin und her. Im Sommer ist ein buntes Treiben der Segelschiffe und Motorboote zu beobachten.

Wir schlendern weiter auf diesem Abschnitt in ein Waldstück hinein. Der breite **Waldweg** federt leicht unter unseren Füßen. Unter uns hören wir die Autos auf der Bundesstraße, direkt angrenzend liegt die Bahnlinie und nur wenige Meter daneben beginnt der Uferbereich des Bodensees. So wandern wir aus dem kleinen Waldstück hinaus und nutzen eine schöne, alte Bank, um kurz zu verweilen und einen Schluck aus unserem mitgebrachten Vorrat zu trin-

Rund um Sipplingen

❋ Für die Seele

Diese Traumrunde oberhalb von Sipplingen gibt uns, besonders im Frühling und Herbst, unzählige Möglichkeiten, die „Seele baumeln" zu lassen!

ken. Die nächsten 400 Meter führen uns durch Obstbäume in Richtung Bundesstraße.

Diese müssen wir aber nicht nutzen. Direkt an der Einmündung biegen wir rechts auf den **Feldweg** ein. Dieser verläuft am Waldrand entlang, links von uns sind geschützte Obstplantagen. An der folgenden Abzweigung wandern wir rechts leicht bergauf in Richtung Aussichtspunkt Roßhimmel. Diesen werden wir in 1,2 Kilometern erreichen. Unser breiter **Forstweg** ist gut zu gehen. Zur Abwechslung plätschert nun zu unserer Linken ein kleiner Bach. Er ist deutlich zu hören, obwohl er rund 3 Meter tief in einem breiten Graben verläuft. Die Sonne strahlt zwischen den Bäumen hindurch und wir genießen das wechselnde Spiel von Licht und Schatten. Unsere breite Forststraße ist nun auf einmal zu Ende. Die Abzweigung in spitzem Winkel nach rechts auf den Wanderweg ist nicht beschildert, aber die einzige Möglichkeit, die Tour fortzusetzen. Wir folgen dem rund 1 Meter breiten Wanderweg, der sich bergauf an den Rand des Hanges schmiegt. Hier im Wald sind die Spuren der winterlichen Stürme noch deutlich zu sehen. Aber der Weg ist frei von Hindernissen und führt uns stetig bergauf. Vorbei an einer weiteren Bank, die im Schatten liegt. Kleine Bäche werden auf Holzstegen überquert und der Pfad leitet uns, jetzt wieder mit kleinen gelben Schildern markiert, der Sonne entgegen aus dem Wald hinaus. Der **Aussichtspunkt Roßhimmel** ❶ ist erreicht. Wir machen es uns auf der Bank vor der Koppel bequem und genießen den

Auszeittour 1

Blick auf den Bodensee und die Ortschaft **Ludwigshafen.** Sie liegt am oberen Ende vom Überlinger See, so wie dieser Teil des Bodensees genannt wird. Die Vögel pfeifen für uns ein schönes Konzert, und wir wandern erfrischt von unserer Rast weiter um die Koppel herum in Richtung Haldenhof. Dort, nur 1,2 Kilometer entfernt, erwartet uns neben einem weiteren Aussichtspunkt ein frischer Kaffee. Bei Bedarf auch deutlich mehr. Wenige Meter nach der Koppel gabelt sich der Weg. Wir folgen dem **Waldweg** über Wurzeln bergauf und erreichen 500 Meter später den höchsten Punkt des **Künstberges.** Unsere Vermutung war richtig. Wir haben von hier aus schon wieder herrliche Blicke auf den Bodensee und Sipplingen unter uns. Natürlich müssen wir teilweise zwischen den Bäumen hindurchschauen, da wir immer noch im Wald unterwegs sind. Das stört aber keineswegs. Noch einmal kurz unserem Pfad leicht bergab und bergauf folgen, an dem gelben Wegzeichen rechts, die Wiese umrunden und über rund 20 Stufen hinaufsteigen und schon stehen wir auf dem großen Parkplatz und erreichen wenige Schritte später das **Höhengasthaus Haldenhof** ❷, das einen traumhaften **Aussichtspunkt** ❸ zu bieten hat. An dieser Oase können wir selbstverständlich nicht einfach vorbeiziehen. Wir nehmen auf der einladenden Sonnenterrasse Platz. Selbst von hier aus können wir ein Panorama der Extraklasse genießen: Der Bodensee, in der Bildmitte, eingerahmt vom Bodanrück, und dahinter, bei klarem Himmel deutlich sichtbar, das Alpsteinmassiv mit dem 2501 Meter hohen Säntis.

Von der vielseitigen Speisekarte gönnen wir uns eine Flädlesuppe und geräuchertes Forellenfilet mit Sahnemeerrettich. Was uns noch auffällt – Kinder bekommen zu ihrem Essen den Salat zum halben Preis.

Frisch gestärkt setzen wir unsere Rundwanderung fort. Am Aussichtspunkt verweilen wir noch für einige Erinnerungsbilder und genießen die wunderbare Rundumsicht. Unser breiter Wanderweg

Aus dem guten Bodenseewasser wird hier bestes Trinkwasser aufbereitet. Rund 4 Millionen Menschen in Baden-Württemberg werden beliefert. Die Fördermenge liegt im Schnitt bei 4100 Litern pro Sekunde. Führungen für Kleingruppen finden von Mai bis Anfang Oktober am Mittwochnachmittag nach Voranmeldung statt.

Aussichtspunkt Haldenhof

Biergarten Gasthaus Haldenhof

Auszeittour 1

> Von der Burganlage, die vermutlich im 12. Jahrhundert erbaut wurde, sind heute noch Mauerreste und Reste eines Abschnittsgrabens vorhanden.

führt über einige Stufen zuerst leicht bergab zur 1,8 Kilometer entfernten **Zimmerwiese.** Es ist unglaublich beruhigend, so durch den Wald zu wandern. Der gute, breite Wanderweg leitet uns abwechselnd leicht bergauf und bergab an einigen Rastmöglichkeiten vorbei. Diejenigen, die uns zusätzlich noch einen freien Blick gönnen, nutzen wir, um kurz innezuhalten und einfach nur zu genießen. Oberhalb von uns liegt der **Sipplinger Berg.** Dort ist die bekannte **Bodensee-Wasserversorgung** ❹ angesiedelt. Seit fast 60 Jahren werden von hier aus über 320 Städte und Gemeinden mit Trinkwasser versorgt.

Rund um Sipplingen

So gelangen wir, mittlerweile wieder auf Kies wandernd, zum **Aussichtspunkt Zimmerwiese** ❺. Nun wissen wir auch, wo dieser Name herkommt. Eine schöne Wiese mit Rundumpanorama und einer Vielzahl von Sitzbänken und Ruheliegen. Gerne nutzen wir diese erneute Möglichkeit, die Seele etwas baumeln zu lassen. Doch wer zu lange rastet, der kann auch rosten. Um dies zu vermeiden, gehen wir die wenigen Meter zurück zum Wanderweg und halten uns rechts in Richtung Hödingen. Der Hödinger Tobel ist zurzeit wegen Hangrutsch leider nicht zu begehen und für unbestimmte Zeit gesperrt. Fröhlich schreiten wir weiter, passieren einen großen Grillplatz mit überdachter Sitzgelegenheit und biegen an der folgenden Kreuzung rechts ab, immer noch in Richtung Hödingen/Hödinger Tobel. Das gepflegte Blockhaus, das jetzt zu unserer Linken auftaucht, ist die **Wanderhütte des Wandervereines Sipplingen** ❻. Am 1. Mai jeden Jahres findet hier das beliebte Hüttenfest statt. Das lockt natürlich zahlreiche Besucher an. Leider ist heute nicht der 1. Mai und wir wandern ohne zusätzliche Pause weiter. Links folgen wir den Markierungen entlang prächtiger Apfelplantagen, die zu unserer Rechten auf dem **Käsberg** liegen. Dieser wird umrundet, indem wir rechts in Richtung Sipplingen abbiegen.

Nun laufen wir vorübergehend wieder auf breitem, in einem Rechtsbogen verlaufendem Weg und kommen an einer natürlichen Sandsteinmauer vorbei. Dieser weiche Sandstein verlockte bereits viele andere Wanderer dazu, sich hier zu verewigen. Von Herzchen über geometrische Formen ist fast alles zu erkennen. An der nächsten Möglichkeit verlassen wir den sehr breiten Weg nach links bergab. Die Bank zu unserer Linken im Schatten nehmen wir zur Kenntnis, aber wir nutzen im Moment gerne unseren Schwung aus und gehen ohne Rast weiter. Das folgende Wegstück über 400 Meter ist auch ohne die gelben Wegweiser gut zu gehen. Wir folgen der logischen Wegführung abwärts. Zuerst hören wir einen

Sipplingen wurde schon vor fast 6000 Jahren besiedelt. Zuerst lebten die Menschen hier auf Pfahlbauten. Das eigentliche Dorf entstand zwischen dem 6. und 8. Jahrhundert. Im historischen Ortskern stehen viele der schönen Fachwerkhäuser unter Denkmalschutz.

Auszeittour 1

Bach rechts unterhalb in einem kleinen Tobel, kommen aus dem Wald heraus auf einen Feldweg, der uns zuerst an Obstplantagen, später an Wiesen vorbei zu einer asphaltierten Straße bringt. Dieser folgen wir wenige Meter nach rechts in Richtung Sipplingen bis zur nächsten Abzweigung. Der Hinweis **Burghalde** 500 Meter weckt unsere Neugier. Und schon biegen wir rechts ab auf eine besonders lohnende Bonusschleife. Wir tauchen wieder in den Wald ein und wenden uns kurz hinter dem Waldrand nach links, den schmalen Wanderweg hinauf zur Burghalde. Nach wenigen Minuten auf dem Zickzackweg haben wir die Burghalde erreicht.

Von der **Ruine Burghalde** ❼ ist nicht mehr viel übrig geblieben. Aber wir verstehen die Erbauer schon. Die Sicht nach links und der Blick nach rechts sprechen eine eindeutige Sprache. Hier wohnen zu dürfen, hatte sicher einen ganz besonderen Reiz. Der Abstiegsweg nach links kommt einige Schritte nach dem Rest des Abschnittsgrabens. Der Pfad geradeaus bringt uns zu einer weiteren Bank mit schöner Sicht auf Sipplingen und den Überlinger See.

Wir gehen wenige Schritte zurück und folgen dem **Abstiegspfad,** nun nach rechts.

Er bringt uns im Zickzack aussichtsreich vorbei an weiteren Sitzbänken auf den Weg rund um die Burghalde. Auf diesem laufen wir links in Richtung Sipplingen, dem Start- und Endpunkt unserer Rundtour. Ab dem Ortsschild nehmen wir die sehr lange Morgengasse bergab und stellen fest, dass dieses Dorf überall gepflegte Häuser hat. An der Kreuzung Eckteil steht der **Narrenbrunnen** ❽ mit einem roten Hansele. Eine der Narrenfiguren des Dorfes im **historischen Ortskern** ❾.

Von hier an folgen wir der **Rathausstraße** in Richtung Uferpromenade. Auch hier sind die Häuser sehr gepflegt und teilweise stark verziert. Alte Sgraffito-Techniken zeigen spielende Kinder an einer Hauswand. Nun sind wir an der Hauptstraße angelangt.

Auszeittour 1

Wir nutzen die Unterführung und gelangen so an die Uferpromenade. Ganz links lockt die **Krone am See** ❿ mit Cappuccino. Direkt vor uns **das Ristorante Riva** ⓫ mit italienischen Spezialitäten. Wir entscheiden uns aber für ein Eis auf die Hand, das wir beim Kiosk am See erwerben. Damit schlendern wir direkt an die Uferpromenade und beobachten das bunte Treiben um uns herum. Danach laufen wir weiter über die Uferpromenade, vorbei an dem öffentlichen, kostenfreien Naturbadestrand mit Kinderspielplatz. Beim **Restaurant Seehaus** ⓬ biegen wir rechts ab in Richtung des uns bekannten Roßhimmels und nutzen die Unterführung. Nach der Unterführung links wenige Treppenstufen hoch und wir sind wieder an unserem Ausgangspunkt angelangt.

Alles auf einen Blick

Entspannung ✹✹✹✹✹
Genuss ✹✹✹✹✹
Romantik ✹✹✹✹✹

WIE & WANN:
Wiesen und Landwirtschaftswege, Pfade, Forstwege, Straßen.
Beste Wanderzeit ist von März bis Oktober.

HIN & WEG:
Auto: Wanderparkplatz P1 in 78354 Sipplingen (GPS: N47°47.833 E9°05.374)
ÖPNV: Von Sipplingen Bf. wenige Schritte zur Uferpromenade und in Richtung Naturbadestrand

ESSEN & ENTSPANNEN:
Höhengasthaus Haldenhof ❷ Haldenhofweg 51, 88662 Überlingen-Bonndorf, Tel. (0 77 73) 56 13, www.gasthaus-haldenhof.de (März–Okt. tägl. ab 9 Uhr, Mo. Ruhetag, nicht an Feiertagen oder Brückentagen)
Restaurant Krone am See ❿ Seestraße 54, 78354 Sipplingen, Tel. (0 75 51) 6 32 11, www.krone-am-see.de (Gartenrestaurant Apr.–Sept. ab 11, Hotelrestaurant Sept.–Apr. ab 17 Uhr, Übergangszeiten je nach Wetterlage oder nach Absprache)
Ristorante Riva ⓫ Seestraße 1a, 78354 Sipplingen, Tel. (0 75 51) 93 61 91, www.ristorante-riva.de (tägl. 11.30–23.30 Uhr)
Restaurant Seehaus ⓬ Seestraße 5, 78354 Sipplingen, Tel. (0 75 51) 9 47 42 47, www.seehaus-sipplingen.com (tägl. 10–24 Uhr)

ENTDECKEN & ERLEBEN:
Aussichtspunkt Roßhimmel ❶
Aussichtspunkt Haldenhof ❸
Bodensee-Wasserversorgung ❹
Aussichtspunkt Zimmerwiese ❺
Wanderhütte des Wandervereins Sipplingen ❻
Ruine Burghalde ❼
Narrenbrunnen ❽
Historischer Ortskern Sipplingen ❾

- ❋ 7,9 Kilometer
- ❋ 30 Höhenmeter
- ❋ 3 Stunden
- ❋ Rundweg

Mettnauspitze vom Finkh-Turm

Auszeittour 2

Naturidyll
Die Halbinsel Mettnau

Heute erkunden wir eine der drei Halbinseln im Bodensee, die Mettnau. Wir starten unsere Tour am Parkplatz am **Stadtgarten** ❶, den wir auch gleich erkunden. Dieser verzaubert uns mit seinen blühenden Rosenstöcken und Lavendelbüschen entlang der historischen Stadtmauer von Radolfzell und bietet einen wunderbaren Einstieg in unsere heutige Tour. Hinter dem Stadtgarten gehen wir rund 500 Meter geradeaus und erkennen auf der gegenüberliegenden Seite bereits den Bahnhof von Radolfzell. Wir überqueren die Straße am Zebrastreifen, begeben uns durch die Unterführung des Bahnhofs und stehen fast direkt am Ufer des Bodensees. Vor uns im See steht die Statue des Bildhauers Ubbo Enninga – **El Nino** ❷. Mittlerweile ist sie ein bekanntes Fotomotiv in Radolfzell. Hier, entlang einer Platanenallee, schauen wir immer wieder auf den Bodensee und auch auf die Segelboote, die hier vor Anker liegen.

Wir wenden uns jedoch nach links und folgen dem Ufer, vorbei am eindrucksvollen **Konzert-Segel** ❸, rund 700 Meter bis zur Karl-Wolf-Straße. Entlang dieses ersten Uferabschnitts erkennen wir auch bereits unser heutiges Tagesziel, die Mettnauspitze mit der vorgelagerten Liebesinsel.

An der **Karl-Wolf-Straße** angekommen, halten wir uns rechts und orientieren uns an dem Wegweiser Richtung Mettnau und Mettnauturm.

Wir gehen weiter geradeaus, vorbei an der **Villa Wolf** ❹ auf unserer rechten Seite bis zur **Mettnaustraße,** in die wir rechts einbiegen. Hinter dem **Versehrtenbad** ❺

Die Halbinsel Mettnau liegt zwischen dem Markelfinger Winkel und dem Zeller See. Bei einer Länge von 3,5 Kilometern und einer Breite von bis zu 800 Metern weist sie eine Größe von rund 180 Hektar auf. Die Halbinsel hat sich zum regional bedeutendsten Brutgebiet für Wasservögel entwickelt und ist daher in der Brutzeit von April bis Ende August nicht zugänglich.

Auszeittour 2

kehren wir auch zurück direkt an das Seeufer und im Anschluss gehen wir in den **Mettnaupark** ❻, der mit seinen Bänken und seinen weitreichenden Aussichten über den Zeller See immer wieder zum Ausruhen und Genießen einlädt, was auch schon Dichter wie Joseph Victor von Scheffel dazu bewogen hat, dies zu ihrem Lieblingsort zu erklären. Zudem lässt sich im Park auch eine Vielzahl an Kunstgegenständen bestaunen, zum Beispiel Daniel Zancas „Der schützende Seeigel".

Am Ende des Mettnauparks folgen wir dem Wegweiser in Richtung Mettnauturm (gelbe Raute) und halten uns leicht links. Wir überqueren den Parkplatz der Mettnauklinik und erreichen hinter dem Parkplatz direkt das Naturschutzgebiet Mettnau. Von hier sind es nur noch rund 500 Meter bis zum **Mettnauturm** (auch **Finkh-Turm** genannt) ❼, einem 18 Meter hohen Holzturm, von dessen Plattform man die gesamte Mettnau, die Hegauvulkane und auch die Halbinsel Reichenau erkennen kann. Besonders schön ist jedoch der Blick entlang des Uferbereichs der Mettnau – hier kann man ganz unterschiedliche Arten von Wasservögeln in Ruhe beobachten und die Stille genießen.

Direkt hinter dem Holzturm beginnt der Pfad durch die Riedvegetation bis zur Mettnauspitze. Bei feuchten Verhältnissen sind ab hier Gummistiefel oder ähnliche wasser- und matsch-beständige Schuhe empfehlenswert. Zwischen den teilweise über 2 Meter hohen Schilfpflanzen und an den wenigen Bäumen vorbei schlängelt sich jetzt unser Pfad durch das Gelände. Immer wieder können wir einen kurzen Blick auf den See erhaschen und in der Stille die eine oder andere Vogelstimme ausmachen. Auf diesem Pfad gibt es viel zu entdecken, von verschiedenen Moosen, über kleine, zarte Blumen, wie der Mehlprimel, bis hin zu meterhohem Schilf. Hier heißt es also: Augen auf und mit allen Sinnen eintauchen und genießen. Unser Pfad führt uns direkt zur **Mettnauspitze** ❽. Dort angekommen, können wir auf einem der Baumstäm-

Die Halbinsel Mettnau

❀ Für die Seele

An der Mettnauspitze genießen wir die Aussicht auf das klare Wasser des Bodensees und die vorbeiziehenden Wasservögel. Wir lassen unseren Blick hinüber zur Halbinsel Reichenau schweifen.

Seeblick vom Mettnaupark

me Platz nehmen und den Blick in das glasklare Wasser des flach absinkenden Bodensees richten und die Seele einfach wandern lassen. Direkt gegenüber liegt eine weitere Halbinsel des Bodensees, die Reichenau. Von der Mettnauspitze erkennen wir sogar das Kloster der Reichenau mit seinen weißen Türmen.

Nach einer entspannenden, ruhigen Pause hier an der Spitze gehen wir zurück bis zum Ende des Naturschutzgebiets. Dort angekommen, halten wir uns leicht links und queren das Gelände der Mettnauklinik bis zum rosafarbenen Gebäude der Seehalde. Hier halten wir uns wieder links und gehen auf dem gepflasterten Pfad in Richtung der Anlegestelle der **Solarfähre** ❾. Direkt neben der Anlegestelle befindet

Auszeittour 2

sich das Strandcafé **Mettnau** ⑩. Dort lassen wir uns mit selbst gemachten Waffeln und einem Kaffee verwöhnen, genießen die Sonnenstrahlen im Gesicht und das Glitzern des Seewassers.

Nach dieser erholsamen Ruhepause setzen wir unseren Rückweg fort durch den Mettnaupark. Hier machen wir noch einen kleinen Umweg zum asiatischen Steinskulpturengarten des Künstlers Volker Paul, der ohne jegliche künstliche Hilfsmittel hier wahrlich meisterhafte Monumente aus Steinen erschafft. Von diesem Eindruck geprägt, gehen wir nun zurück bis zur **Karl-Wolf-Straße.** Hier angekommen, laufen wir weiter geradeaus über die Brücke, durch die **Scheffelstraße,** vorbei an der **Art Gallery Villa Bosch** ⑪, zurück zum Stadtgarten.

Alles auf einen Blick

Entspannung ✹✹✹✹✹
Genuss ✹✹✹✹✹
Romantik ✹✹✹✹✹

WIE & WANN:
Kies- und Wiesenwege, einige asphaltierte Straßen; eine ganzjährige Wanderstrecke bis zum Finkh-Turm, die Mettnauspitze ist in den Sommermonaten (15. Apr.–31. Aug.) gesperrt.

HIN & WEG:
Auto: Parkplatz am Stadtgarten in Radolfzell am Bodensee (Kapuzinerweg) (GPS: 47,736089N 8,9715780)
ÖPNV: Mit Bus und Bahn direkt bis Radolfzell Bf.

ESSEN & ENTSPANNEN:
Strandcafé Mettnau ❿ Strandbadstraße 102, 78315 Radolfzell am Bodensee, Tel. (0 77 32) 16 50 (Apr.–Okt. ab 9, Nov.–März ab 11 Uhr)

ENTDECKEN & ERLEBEN:
Stadtgarten Radolfzell ❶ Stadtmitte ggü. Busbahnhof, Kapuzinerweg, 78315 Radolfzell am Bodensee
El-Nino-Statue ❷
Konzert-Segel ❸ Karl-Wolf-Straße 1, 78315 Radolfzell am Bodensee
Villa Wolf ❹ Scheffelstraße 12, 78315 Radolfzell am Bodensee
Versehrtenbad ❺ Mettnaustraße 2, 78315 Radolfzell am Bodensee
Mettnaupark ❻
Finkh-Turm ❼ Floerickeweg, 78315 Radolfzell am Bodensee
Mettnauspitze ❽
Solarfähre ❾
Art Gallery Villa Bosch ⓫ Scheffelstraße 8, 78315 Radolfzell am Bodensee

Blickpunkt: Überlinger See

- 5,5 Kilometer
- 145 Höhenmeter
- 1,75 Stunden
- Rundweg

Auszeittour 3

See & Erzählungen
Auf dem Wasserweg bei Wallhausen

Unsere kurze Auszeittour verwöhnt uns schon beim Packen des Rucksackes. Nur Getränke, eventuell Badekleidung und für den Notfall ein wenig Schokolade. Ausgangspunkt ist der **Wanderparkplatz Eulenbach** bei **Wallhausen.** Am Ende des Parkplatzes befindet sich rechts ein Brunnen mit einer geschnitzten Eule und ein überdachter Grillplatz. Den grün beschrifteten Wegweiser „Burghof" nehmen wir zur Kenntnis, laufen aber nicht auf der Kiesstraße in dieser Richtung. Wir nehmen den breiten, nicht beschilderten Weg rechts des Grillplatzes leicht bergauf. Diesem folgen wir 100 Meter aus dem Wald hinaus auf eine Wiese. Die **Aussicht auf den Überlinger See** ❶, so nennt sich dieser Teil des Bodensees, ist beeindruckend. Das Wasser hat verschiedene blaue Schattierungen und es sind bei diesem sonnigen Wetter sehr viele Segel-, Ruder- und kleine Motorboote auf dem See. Gegenüber am anderen Ufer können wir die Städte Sipplingen und Überlingen erkennen. Nachdem wir einige Minuten das sich ständig wandelnde Bild betrachtet haben, wandern wir links am Waldrand entlang und treffen nach einer Schranke auf den Kiesweg, der uns, zwischen Obstbäumen hindurch, zum 600 Meter entfernten **Burghof** führt. Die Umrisse des Gebäudes können wir bereits zwischen den Bäumen erkennen. Hier finden wir das **Restaurant Burghof** ❷ und nach Voranmeldung auch Gästezimmer in traumhaft ruhiger Lage mitten im Landschaftsschutzgebiet.

Wir wandern an einem kleinen Bambuswald vorbei und gelangen direkt an den Eingang der Garten-

Auszeittour 3

> *Der Teufelstisch ist eine Laune der Natur. Eine Felsnadel, die in rund 35 Meter Tiefe mit dem Festland verbunden ist. Die Oberfläche misst rund 22 x10 Meter und ist bei Niedrigwasser mit dem Seezeichen 22 markiert.*

wirtschaft. Doch es ist noch zu früh, um jetzt schon eine große Rast zu machen. Deshalb biegen wir direkt vor dem Eingang rechts ab und folgen dem schmalen Pfad, anfänglich über Stufen, später im Zickzack abwärts. Wir bleiben hin und wieder stehen und freuen uns über tolle Blicke zwischen den Bäumen hindurch auf den See, der unter uns liegt. Wenige Minuten später haben wir das **Ufer des Bodensees** erreicht. Rechts von uns, ungefähr 50 Meter vom Ufer entfernt, liegt der **Teufelstisch** ❸. Dieser ist normalerweise, je nach Wasserstand, 1 bis 3 Meter unter der Wasseroberfläche.

Hier am sagenumwobenen Teufelstisch ist das Tauchen nicht mehr erlaubt, das Baden aber schon. Beim Baden ist die steile Klippe zu beachten, die wenige Meter nach dem Kiesstrand steil abfällt. Für kleine Kinder ist diese Stelle ungeeignet. Wir folgen dem Pfad nach links. Dieser leitet uns zuerst über zwei kleine Stege, dann immer dicht oberhalb des Wasserspiegels durch teilweise dichten Wald.

Oft gibt es die Möglichkeit, direkt zum See zu gelangen. Abhängig von der Höhe des Wasserstandes können wir uns auch ganz relaxt in den Kies legen

Idyll

Auf dem Wasserweg bei Wallhausen

Für die Seele

Dieser Pfad führt uns durch den Buchenwald, vorbei an verträumten Kiesbuchten. Wir können die Möglichkeit nutzen, im Bodensee zu „kneippen".

und einfach die besondere Stimmung genießen. Schnatternde Enten lassen sich an uns vorbeitreiben und mit etwas Glück können wir auch Schwäne beobachten, wie sie fast schon majestätisch an uns vorbeiziehen. Weiter geht unsere Entdeckungsreise. Der Weg wird kurz etwas breiter. Von links kommt ein schmales Bächlein daher und begleitet uns zu einem kleinen Weiher. Wir laufen nicht auf dem breiten Weg links am Weiher vorbei, sondern nutzen den „Abenteuerpfad" geradeaus. Dieser nimmt uns 100 Meter mit, zwischen dem Weiher und dem großen „Teich". Hier bieten sich nochmals wunderschöne Blicke auf den See. Die beiden Wege treffen sich nach dem kleinen Weiher wieder. Rechts haben wir ein weiteres Mal die Möglichkeit, bei niedrigem Wasserstand an einem großen Kiesstrand direkt am Wasser zu rasten. Wenige Meter weiter befindet sich aber auch ein **Grill- und Picknickplatz** ❹ mit Tischen und Bänken. Hier ist es für uns Zeit, sich von der unmittelbaren Seenähe zu verabschieden. Leider hat die Natur uns hier unsere Grenzen aufgezeigt. Der Weg, der zur Marienschlucht führt, ist leider, wie die Schlucht selbst, nicht mehr begehbar. Wir folgen dem Wegweiser „Seegang" auf breitem Weg bergauf. Die Sonne strahlt durch die Blätter des Buchenwaldes, auch diese Umleitung hat ihren Reiz.

An der nächsten Kreuzung wollen wir unsere Verweildauer im gesunden Buchenwald noch etwas verlängern. Deshalb laufen wir auf dem Pfad nach rechts ohne Wegweiser. Den zum Burghof nach links

Die Buche war 1990 Baum des Jahres. Das dauerhafte Holz findet in der Naturheilkunde wie auch im Handwerk viel Zuspruch. Als Aufguss hat die Rinde eine fiebersenkende Wirkung. Beim Verbrennen des Holzes entsteht durch den Inhaltsstoff Kerosot eine desinfizierende Wirkung. Der Schreiner verwendet im Möbelbau die Buche vielseitig für widerstandsfähige Gebrauchsmöbel.

Auszeittour 3

haben wir zwar gesehen, aber diese Schleife von 700 Metern wollen wir einfach nutzen. Zwischen den Bäumen haben wir einen herrlichen Blick auf den See und der Wald duftet so toll, dass wir die Möglichkeit, uns noch etwas zu bewegen, gerne nutzen. Eine „Baumskulptur" bestätigt unsere gute Entscheidung. Da hat Mutter Natur die Baumkrone mit Schwung zu Boden gerissen. Übrig geblieben ist der Stamm mit einem kunstvoll zersplitterten Ende.

Unser schöner Pfad trifft nun auf die uns bekannte **Kiesstraße.** Dieser folgen wir nach links, leicht bergab, um dann rund 300 Meter später an der uns ebenfalls bekannten Kreuzung rechts in Richtung Burghof einzubiegen. Wenige Meter nach der Kreuzung wird der breite Weg wieder zum Pfad. Eingerahmt von jungen Buchenbäumen betreten wir einen natürlichen Bannwald. Die Sonne scheint durch die hohen Bäume, unser Pfad schlängelt sich durch einen immer breiter werdenden Tobel hindurch. Der Bach unter uns murmelt still vor sich hin, wir wandern über schmale Brücken und hören irgendwo einen kleinen Wasserfall rauschen. Völlig verzaubert von der Ursprünglichkeit des Weges können wir nicht glauben, dass wir urplötzlich wieder auf einem breiten Nutzweg stehen.

Unser Blick schweift nochmals zurück in den Wald, und jetzt entdecken wir auch den kleinen Wasserfall, der vorhin nur zu hören war.

Nach kurzem Verweilen laufen wir für rund 350 Meter auf dem breiten Nutzweg. Spannend wird es, den nicht markierten Pfad nach links zu finden. Wenn wir rechts an einem Baum den Wegweiser zum Burghof mit der Zeitangabe „8 Minuten" sehen, sind wir zu weit gelaufen. Rund 5 Meter vor dem Schild geht es links in den Wald hinein. Dies ist die zweite Möglichkeit, auf einem Pfad über die Ruine zum **Restaurant Burghof** zu gelangen. Nach wenigen Schritten verbreitert sich der schmale Weg zu einer herrlichen Wanderstrecke. An der folgenden Gabelung wenden wir uns nach links und folgen dem Pfad. Dieser leitet

Auf dem Wasserweg bei Wallhausen

uns in Bögen, entlang eines Tobels zu unserer Linken, direkt in die kleine **Ruine der Villa Walarhusin** ❺.

Die kleine Ruine liegt heute mitten im dichten Buchenwald. Auch sie ist ein stiller Zeuge der wilden Zeit des Dreißigjährigen Krieges und des Seekrieges auf dem Bodensee. In der entsprechenden Literatur ist sehr viel darüber zu lesen. Kapitän Jack Sparrow wäre neidisch auf so viel Abenteuer und Wagemut. Wir haben aber so langsam Hunger. Die Gartenwirtschaft des **Restaurants Burghof** ❷ liegt nur wenige Meter entfernt. Die Geräusche von dort sind anfangs lediglich gedämpft zu hören. Von den vielen Pfadspuren folgen wir dem breitesten Pfad. Dieser bringt uns, ohne Höhe zu verlieren, zur Burgschänke. Wenige Schritte nach der Ruine können wir schon die Umrisse des Burghofes rechts von uns erkennen. Diesen müssen wir noch umrunden und die uns bekannten Stufen hochwandern, dann stehen wir wieder am Ein-

Die kleine Burg diente im 12. und 13. Jahrhundert den Adeligen von Tettingen als Wohnsitz. Sie verfügten im 14. Jahrhundert fast über das ganze Dorf Dettingen und Wallhausen. Auch diese Burg wurde ein Opfer des Dreißigjährigen Krieges.

Burghof

Auszeittour 3

gang der Gartenwirtschaft. Dieses Mal gehen wir hinein und nehmen an einem schattigen Tischchen Platz. Hier gibt es eine freundliche Selbstbedienung, d. h. wir holen in der Burgschänke unsere Speisen und Getränke selbst. Die Schäufele mit Kartoffelsalat und die Poularden vom Grill sind besonders zu empfehlen. Oft ist es auch möglich, hier erworbenes Grillgut selbst zu grillen. Besonders mit Kindern ein lustiges Unterfangen. Wenn wir das sicher wollen, ist eine telefonische Anfrage im Vorfeld zu empfehlen. In dieser besonderen Umgebung lassen wir diese Auszeittour gemütlich ausklingen. Der kurze Rückweg zum Parkplatz, noch ein letzter Blick auf den See und wir starten den Heimweg.

Alles auf einen Blick

Entspannung ✹✹✹✹✹
Genuss ✹✹✹✹✹
Romantik ✹✹✹✹✹

WIE & WANN:
Wanderwege und Pfade, Landwirtschaftswege. Beste Wanderzeit ist von April bis Oktober.

HIN & WEG:
Auto: Wanderparkplatz Eulenbach bei Wallhausen (GPS: N47°44.790 E9°07.631)
ÖPNV: Mit dem Zug bis Konstanz Bf., mit dem Bus (Linie 4 oder 13) nach Wallhausen, dann rund 15 Minuten zu Fuß zum Wanderparkplatz Eulenbach

ESSEN & ENTSPANNEN:
Restaurant Burghof mit Gartenwirtschaft ❷ Burghofweg 50, 78465 Konstanz-Wallhausen, Tel. (0 75 33) 93 45 55, www.burghof-wallhausen.de (Apr.–Ende Sept. Mi.–So./ Feiertage, Okt.–Ende März Sa./So./Feiertage 11–22 Uhr, falls bei Anbruch der Dunkelheit keine Gäste mehr da sind, wird oft geschlossen.)

ENTDECKEN & ERLEBEN:
Aussicht auf den Überlinger See ❶
Teufelstisch ❸
Grill- und Picknickplatz am See ❹
Ruine der Villa Walarhusin ❺

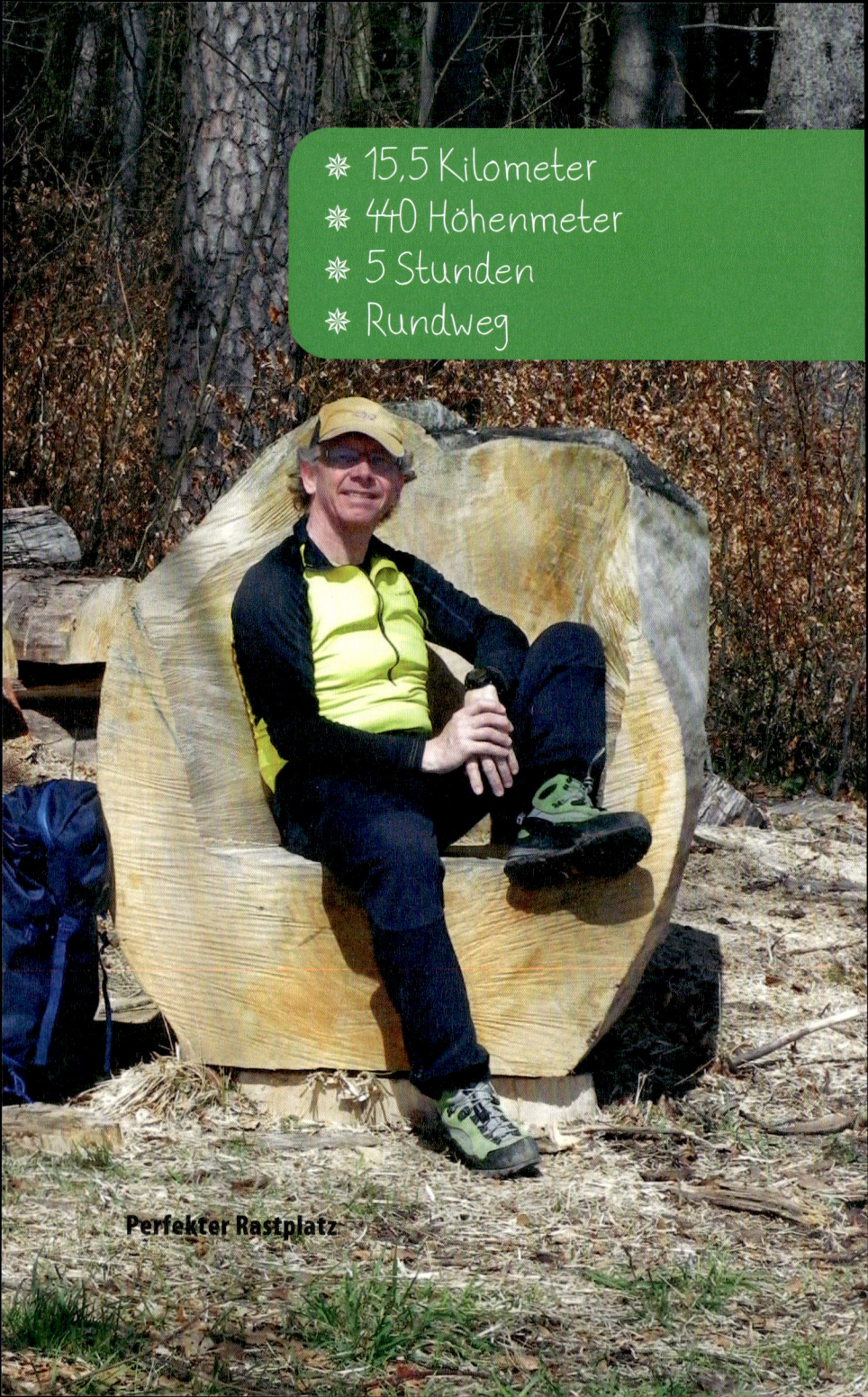

Auszeittour 4

Grüezi Schwiiz
Traumrunde oberhalb Mammerns

Vor Beginn dieser Tour empfehlen wir, einige Schweizer Franken, auch in Münzen, umzutauschen.

Unsere Rundwanderung beginnt am Parkplatz rechts unterhalb des Bahnüberganges in der **Liebenfelsstraße** in Mammern. Von dort wandern wir rechts auf der **Huebackerstraße,** einem asphaltierten Rad- und Wanderweg in Richtung Klingenzell, unserem ersten Zwischenziel. Die Schweizer Schreibweise **„Chlingenzell"** ist auch des Öfteren zu lesen. Wir gehen zuerst direkt neben der Bahnlinie. Nach rund 1 Kilometer wenden wir uns nach links und wandern leicht bergauf zwischen Obstplantagen hindurch. Diese wenigen Höhenmeter bescheren uns bereits wunderschöne Ausblicke auf den Untersee, gegenüber sehen wir das Dorf Öhningen, dahinter Stein am Rhein, über dem die Burg Hohenklingen thront. Vor uns taucht der **Gutshof Halde** ❶ auf. Linker Hand ist eine kleine Ausstellung von Katzenkunstwerken zu sehen, rechts, auf dem sehr gepflegten Anwesen, besteht die Möglichkeit, sich im ländlichen Mini-SB-Kiosk einen Kaffee zu gönnen. Wir entscheiden uns für etwas Obst. Die Bezahlung erfolgt auf ehrliche Art in eine kleine Kasse. Weiter geht es bergauf in Richtung Klingenzell. Anfangs noch auf Kies, später dann auf einem Wanderweg, der über Wiesengelände führt. Der Wanderweg wird flacher und wir sehen vor uns die **Kapelle Klingenzell** ❷. Wenige Schritte entfernt liegt der Gasthof Klingenzellerhof. Dieser wird gerade komplett renoviert.

Die Wallfahrtskirche „Sieben Schmerzen Maria" wurde an dem heutigen Standort Anfang 1700 neu errichtet. Besonders sehenswert ist das Gnadenbild aus dem 14. Jahrhundert auf dem rechten Seitenaltar. Klingenzell ist die einzige Marienwallfahrtsstätte im Thurgau.

Auszeittour 4

Empfehlenswert ist der kleine Abstecher zur **Lourdesgrotte** ❸. Dort ließ ursprünglich der Freiherr Walter von Hohenklingen Anfang des 13. Jahrhunderts die Kapelle errichten. Als die Kirche im Jahre 1698 nach starkem Regen einzustürzen drohte, wurde die Kirche umgesiedelt und die Grotte errichtet. Ein Kreuzweg führt in rund 5 Wanderminuten den Feldweg hinab in Richtung Mammern.

Nach einiger Zeit wandern wir den Weg zurück bergauf zur Kapelle. Es besteht die Möglichkeit, sich im Klingenzellerhof zu stärken. Wir haben uns jedoch zuhause bereits für ein Picknick auf der **Hoch-**

Kunstwerke „auf Tour"

Traumrunde oberhalb Mammerns

✿ Für die Seele

Hier ist ein ganz besonderer Ort, um die innere Ruhe zu finden. Das beruhigende Plätschern des Wassers hilft uns, unsere Gedanken zu sortieren.

wacht ❹ entschieden. Dieser Grill- und Picknickplatz liegt nur 10 Minuten entfernt. Wir folgen der Straße bergauf und biegen vor dem Wald links auf den Feldweg ein. Der Rastplatz ist schon von Weitem gut zu sehen. Diese traumhafte Aussicht lässt uns fast das Vespern vergessen. Unsere Blicke schweifen über den Untersee, wie dieser Teil des Bodensees genannt wird. Gegenüber liegt die Halbinsel Höri und am Horizont, rechts von uns, die Insel Reichenau. Links nach Westen schauen wir nach Stein am Rhein und dahinter auf den Hochrhein.

Oft kann man(n) an diesem Grillplatz auch eine bereits fertige Glut übernehmen, um sich eine Wurst zu grillen. Wir genießen es in vollen Zügen, hier zu sein; eigentlich wollen wir hier fast nicht mehr weg.

Aber jede Ruhepause endet nun einmal, und so verlassen wir frisch gestärkt diesen traumhaften Rastplatz in Richtung Gündelhart. Zuerst über Wiesen, gleich darauf rechts und 100 Meter später links der Straße folgen. Die folgenden 900 Meter ist der Wanderweg und die wenig befahrene Straße identisch. Mit etwas Glück können wir auf der Pferdeweide links von uns die Ponys streicheln, bevor wir links auf einem Feldweg in den Wald Richtung Gündelhart einbiegen.

Zu unserer Rechten plätschert ein Bächlein und an der beschilderten Abzweigung wandern wir rechts leicht bergauf. An einem Holzlagerplatz rechts zwischen den Holzstapeln hindurch, aus dem Wald wieder hinaus, links, und am Waldrand entlang. Wir

Auszeittour 4

Früher wie heute wurde Bärlauch zu medizinischen Zwecken genutzt. Positive Effekte: Er senkt den Blutdruck, verhindert Arteriosklerose, kann Herzinfarkt und Schlaganfall vorbeugen und fördert die Verdauung. Aktuell wird Bärlauch meist in der Küche zu köstlichem Pesto, Dipsaucen oder Kräuterquark verarbeitet. Bärlauch bevorzugt feuchten und humusreichen Boden.

orientieren uns an den zahlreichen gelben Pfeilen, Wanderwegzeichen und Wegweisern. Vorbei an weiteren großen Holzstapeln tauchen wir erneut in den Wald ein. Hier empfängt uns im Frühling der kräftige Duft von Bärlauch.

Dieses abwechslungsreiche Stück durch den Wald tut richtig gut. Wir schlendern kurz an einem Bächlein entlang. Zwischen unserem Pfad und dem Bächlein können wir, zwischen März und Juni, noch schöne, gelbe Sumpfdotterblumen bewundern, die gerade von Bienen besucht werden. Unser Pfad leitet uns über Stufen kurz bergauf, wieder hinaus aus dem Wald und an dessen Rand entlang. Durch die Bäume sehen wir einige große Gebäude: das Anwesen **Schloss Liebenfels** ❺.

Da wir keine Besichtigung vorreserviert haben, biegen wir an dem Teich oberhalb der großen Scheune rechts Richtung Gündelhart ab. Die Straße führt uns, rund 400 Meter, vorbei an Obstbäumen leicht bergauf. Von hier aus haben wir bei klarem Himmel wieder eine traumhafte Sicht auf die Berge. Dieses Bergpanorama konnten wir vereinzelt schon bewundern, aber es wird immer besser, je länger wir unterwegs sind. Die nächsten 3 Kilometer führen uns abwechselnd auf Asphalt, Feld- oder Wanderwegen zwischen Wiesen und Wald hindurch. Die Orientierung ist leicht und die Beschilderung wie gewohnt prima. Dieser Teil der Wanderung verzückt uns immer wieder aufs Neue mit ständig wechselndem Blick auf die Berge des Alpsteins zu unserer Rechten. An einigen Grillplätzen sind wir in der Zwischenzeit schon vorbeigekommen, aber irgendwie haben wir noch nicht den richtigen Platz gefunden, um diese Aussicht gebührend zu würdigen. Aber genau jetzt wissen wir, warum wir mit unserer Pause gewartet haben. Kurz vor der Ortschaft Gündelhart hat ein Künstler aus Baumstämmen mit einer Motorsäge riesige Sessel modelliert. Selbstverständlich nehmen wir diese Einladung gerne an, um hier zu rasten. Der Sän-

Traumrunde oberhalb Mammerns

tis mit seinen 2501 Metern Höhe in der Bildmitte scheint zum Greifen nahe. Wir haben heute richtig Glück. Ein Ehepaar aus der Gegend kann uns auch die anderen Gipfel erklären. So wandern wir, voll informiert, weiter in das Örtchen **Gündelhart,** das rund 65 Einwohner hat. Der Wanderweg biegt am Ortsrand bereits nach links ab. Wir gehen aber noch in den Ort hinein, um die **Kirche St. Mauritius** ❻ mit ihrem schönen Zwiebelturm von innen zu besichtigen.

Danach laufen wir wieder zurück an den Ortsrand und biegen nun rechts Richtung Hörhausen ab. So schlendern wir frohen Mutes aus dem Örtchen Gündelhart hinaus und freuen uns über lustige Porzellanpilze in einem Vorgarten, auf denen zusätzlich noch Gartenzwerge sitzen. Am Ortsende wenden wir uns nach links, um der schmalen Straße Richtung Ruine Neuburg zu folgen. So wie hinter uns der Blick

Wallfahrtskirche „Chlingenzell"

Ruine Neuburg

Traumrunde oberhalb Mammerns

zu den Bergen verschwindet, öffnet sich vor uns wieder die Sicht auf den Bodensee. Leicht bergab laufen wir auf der Straße zwischen einigen Häusern hindurch und biegen dann, den Wegweisern Ruine Neuburg folgend, rechts auf eine Wiese ein. Wenige Schritte später nach links und leicht bergab in den Wald hinein. Rechts von uns, in einem Tobel, plätschert ein Bächlein. Wir genießen es, auf dem breiten Wanderweg im Schatten der Bäume bergab zu wandern und erreichen nach kurzer Zeit die **Ruine Neuburg** ❼. Hier machen wir natürlich noch einmal Rast und erkunden die Ruine.

Diese wurde zwischen 2001 und 2003 sehr gründlich saniert. Der Bergfried, die Pfeiler des Palas und große Teile der Stützmauern wurden gesichert. Der Pflanzenbewuchs wurde ebenfalls gelichtet. Nun haben wir, wie die ursprünglichen Bewohner der Burg Neuburg, freie Sicht auf die Burg Hohenklingen im Westen, den Untersee unter uns und im Osten bis zur Insel Reichenau. Einfach klasse. Hier an dem gemütlichen Grill- und Picknickplatz verweilen wir noch etwas, um uns zu stärken.

Weiter wandern wir auf dem breiten Kiesweg in Richtung Mammern. Der Weg liegt schön im Wald und zwischen den Bäumen hindurch haben wir immer wieder tolle Ausblicke auf den See unter uns. Kursschiffe, Segelschiffe und Ruderboote prägen das Bild auf dem Wasser. 600 Meter nach der Burg zweigt unser Weg, jetzt für Fahrräder gesperrt, rechts ab. Nach zwei Holzbrücken queren wir kurz noch einmal den Landwirtschaftsweg, um diesen links wieder zu verlassen. Geradeaus, bergab, würde der Pfad uns über den „Seeweg" zurück nach Mammern führen. Das wäre eine Alternative, sollte der Weg durch den Wald zu nass und matschig sein. Dies ist bei uns aber nicht der Fall. Wir folgen dem Pfad, der uns abwechslungsreich die nächsten 1,5 Kilometer zurück nach Mammern bringt. Immer wieder genießen wir den Seeblick, auf einer Lichtung riesige Horste von

Mitte des 13. Jahrhunderts wurde der heute noch stehende Bergfried mit dem Palas errichtet. Die Neuburg war eine der bedeutendsten und größten Burgen am südlichen Unterseeufer. Ende des 16. Jahrhunderts wurde die Burg sehr baufällig und Mitte des 17. Jahrhunderts zu großen Teilen abgebaut.

Auszeittour 4

Schlüsselblumen und einfach die Ruhe, die der Wald ausstrahlt. Am Waldrand mündet unser Pfad auf eine Straße. Auf dieser laufen wir bergab zwischen Obstplantagen und Häusern, orientieren uns am Wanderwegschild links in die **Ampelstraße.** Diese bringt uns auf den Feldweg **Ampelweg.** Dieser nimmt uns mit durch ein kleines Waldstück, um dann rechts auf den Gehweg der **Lieberfelsstraße** einzubiegen und am Parkplatz am Bahnübergang die Tour zu beenden. Wenige Meter unterhalb des Bahnhofes nutzen wir die Möglichkeit, im Biergarten des **Gasthauses Zum Hecht** ❽ bei einem Schweizer Kaffee den Tag ausklingen zu lassen.

Empfehlenswert ist ein Besuch auf der **Insel Werd** ❾ und der Altstadt von **Stein am Rhein** ❿.

Alles auf einen Blick

Entspannung ✦✦✦✦✦
Genuss ✦✦✦✦✦
Romantik ✦✦✦✦✦

WIE & WANN:
Wiesen- und Landwirtschaftswege, asphaltierte Straßen, Pfade.
Beste Wanderzeit ist von März bis November.

HIN & WEG:
Auto: Parkplatz am Bahnhof/Bahnübergang in der Liebenfelsstraße
(GPS: N47°38.694 E8°54.981)
ÖPNV: Mit dem Zug bis Mammern Bf.

ESSEN & ENTSPANNEN:
Gutshof Halde ❶ Haldestraße, CH-8265 Mammern (SB-Kiosk bei Wanderwetter geöffnet)
Gasthaus Zum Hecht ❽ Hauptstraße 5, CH-8265 Mammern, Tel. (00 41) (0) 52/7 41 24 63, www.hecht-mammern.ch (Mo./Di./Fr. 8.30–22, Sa./So. 9–22 Uhr Mi./Do. Ruhetag)

ENTDECKEN & ERLEBEN:
Wallfahrtskapelle Klingenzell ❷ Frauenfelderstraße 11, CH-8264 Eschenz
Lourdesgrotte ❸
Grillplatz Hochwacht ❹
Schloss Liebenfels ❺ CH-Lanzenneunforn/TG, Tel. (00 41) (0) 52/7 47 26 00, www.schloss-liebenfels.ch
Kirche St. Mauritius, Gündelhart ❻
Ruine Neuburg ❼
Insel Werd ❾
Altstadt Stein a. Rhein ❿

- ❋ 15,5 Kilometer
- ❋ 585 Höhenmeter
- ❋ 6 Stunden
- ❋ Rundweg

Eingang Alplochschlucht

Auszeittour 5

Tiefe Schluchten
Dornbirn mit Rappenlochschlucht

Unsere Auszeittour beginnt am Parkplatz beim **Rolls-Royce-Museum** ❶ in Gütle, einem Ortsteil oberhalb von Dornbirn in Österreich. Ausnahmsweise werden wir den Bodensee selten sehen, aber umso mehr Bäche und Flüsse hautnah erleben. Eine gelungene Abwechslung zu den bisherigen Touren.

Wir gehen zuerst zu dem großen **Mammutbaum** ❷ im Park. Dieser liegt wenige Schritte hinter dem **Gasthof Gütle** ❸ und dem **Krippen-Museum** ❹. Der Mammutbaum hier wurde im Jahr 1899 gepflanzt und stammt aus Nordamerika. Fabrikanten brachten ihn nach Dornbirn.

Wir laufen auf dem Kiesweg links am großen Springbrunnen vorbei zur Straße. Dieser folgen wir links, gelb-weiß markiert, bergauf in Richtung Kobel Alpe. Die Rappenlochschlucht vor uns werden wir auf unserem Rückweg durchwandern.

Die Straße leitet uns zwischen einigen Häusern und geschmückten Gartenzäunen hindurch und wird am Ende der Häuserreihe zu einer Forststraße. Diese bringt uns in den lichten Wald und wir wandern gemütlich und stetig bergauf. Natürlich ist die Steigung zu spüren, es ist jedoch nicht unangenehm steil. Wir lauschen dem Murmeln der kleinen Bäche.

Diese sind oft nicht zu sehen. Etwas größere Bäche rauschen richtig. Diese sind natürlich auch gut sichtbar. Wir laufen an der nächsten Abzweigung auf der Forststraße geradeaus, stets in Richtung Kobel Alpe und Rudach und gewinnen stetig an Höhe. Manchmal rücken die Bäume etwas auseinander und

Der in Kalifornien heimische Mammutbaum wurde im 19. Jahrhundert nach Europa importiert. Dieses Exemplar des Riesenmammutbaumes hier im Gütle ist mit 50 Metern Höhe der höchste in Österreich.

Auszeittour 5

> Früher wie heute ziehen die Landwirte im alpinen Raum mit ihren Kühen im Frühjahr auf das Maisäß, im Sommer auf die Hochalpe und im Spätsommer wieder auf das Maisäß. Meistens Ende September bis Mitte Oktober findet der Almabtrieb statt. Diese langjährige Tradition wird heute noch gefeiert, oft mit großen Festen für das ganze Dorf.

ermöglichen uns Blicke ins Rheintal und in einiger Entfernung auf den Bodensee. Wir gehen weiter auf der Forststraße, vorbei an wenigen markierten Abzweigungen bis zu einer Gabelung. Hier folgen wir dem rund 1 Meter breiten Kiesweg nach rechts. Leider ist dieser Abzweig nicht markiert. Rund 50 Meter nach der Gabelung steht rechter Hand eine schöne Bank. Hier rasten wir und erleichtern unseren Rucksack. Unsere Getränke sind trotz der Sonne überraschend kühl. Das Schöne hier ist, dass sehr viele Wegpassagen am Vormittag im Schatten liegen. Erfrischt gehen wir weiter. Anfangs fast ohne Steigung bringt uns der Wanderweg wieder zu einer Forststraße. Rechts immer noch in Richtung Kobel Alpe. Dort wollen wir entspannt unsere Mittagspause genießen. Auf dem folgenden Wegstück gibt es immer wieder die Möglichkeit, die Aussicht zu genießen, bevor wir wieder in den Wald gelangen. Wir folgen der gut be-

Alpe Kobel

Dornbirn mit Rappenlochschlucht

 Für die Seele

Das Plätschern der vielen Bäche erfrischt uns mental, gleichzeitig haben sie eine beruhigende Wirkung auf uns.

schilderten Forststraße und passieren zahlreiche kleine und große Bäche. Vereinzelt sehen wir jetzt kleine Holzhäuser im Wald – das war vermutlich einmal ein Maisäß – und erreichen bald darauf Rudach.

Die Dreistufenwirtschaft hat eine nahezu jahrhundertelange Tradition. Aufgrund diverser Veränderungen wurden jedoch viele der Maisäße nicht mehr von den Landwirten mit ihren Kühen genutzt und so wie hier in Rudach zu Ferienhäusern umgebaut. Wir haben den höchsten Punkt unserer Tour erreicht, schauen noch genüsslich in die Runde und wandern den Weg nun bergab. An der nächsten Kreuzung geht es rechts über eine Brücke, und wir erreichen 300 Meter später die **Kobel Alpe** ❺, die plötzlich unter uns auftaucht. Wir werden sehr freundlich empfangen und nehmen im einladenden Biergarten Platz. Die Gaststube ist ebenfalls sehr geschmackvoll eingerichtet. Diese Jausenstation liegt auf 972 Metern Höhe und lässt keine Wünsche offen. Verschiedene kalte Gerichte und kleine warme Speisen sind auf der Karte zu finden. Ab vier Personen ist gegen Voranmeldung auch eine zünftige Kässpätzlepartie möglich. Wir gönnen uns eine Tagessuppe mit Weizenbier und genießen die Aussicht. Hier zu sitzen gefällt uns sehr. Aber auch diese Pause hat ein Ende und wir beginnen jetzt den spannenden Abstieg. Wir folgen dem einzigen Pfad leicht bergab in den Wald hinein. Die Forststraße auf der anderen Seite der Alpe würden wir nur bei großer Nässe nutzen. Beide Wege treffen sich später wieder. Wir blicken noch einmal

Der Löwenzahn ist in ganz Europa verbreitet und bei Kindern als Pusteblume oder als Bastelobjekt für Halsketten beliebt. Im 15. Jahrhundert wurde der Löwenzahn schon als Heilpflanze und Wundkraut für Magen, Leber und Darm erkannt. Er ist sehr robust durch die tiefen Wurzeln. Deshalb ist er, allerdings zu Unrecht, oft als Unkraut verschrien.

Auszeittour 5

zur Alpe zurück. Die traumhafte Lage hat schon ein besonderes Flair. Am Waldrand wechselt der Kies- zu Waldboden, teilweise mit Steinen durchsetzt. Es ist sehr schön, hier unterwegs zu sein. Bei den kurzen Holzstegen ist Vorsicht geboten. Diese können manchmal recht rutschig sein. Wir hören wieder das Rauschen der Bäche, manchmal links, manchmal rechts von uns und wandern ständig bergab. Wir treffen erneut auf eine Forststraße. Dort wenden wir uns nach links Richtung Niedere. 200 Meter später kommen wir wieder direkt zu einem etwas größeren Bach, die Kobelache. Hier ist die Einstiegsstelle für eine Canyoning Tour. Die Froschmänner sind aber bereits alle unterwegs. Wir bleiben kurz stehen und genießen den Moment. Eine Pusteblume am Rand des Baches fällt uns auf. Früher, als Kinder, haben wir aus diesen Blumen Kränze gebastelt.

Wir wandern den Weg 200 Meter leicht bergauf und treffen hier auf den Forstweg, der von der Kobel Alpe herkommt. Dort wenden wir uns nach rechts, bergab Richtung Niedere Bushaltestelle. Der Wanderweg, der weitere 200 Meter später nach links zum Kirchle und Alploch abzweigt, ist leider vorübergehend gesperrt. So erreichen wir 10 Minuten später über die asphaltierte Straße die Bushaltestelle Niedere an der Ebniter Straße. Bei Ermüdung könnten wir mit dem Bus zurück ins Gütle fahren oder mit etwas Glück immer um 6 Minuten nach der vollen Stunde die 1,5 Kilometer zur Bushaltestelle Alploch/Schmitte in Richtung Ebnit. Wir bleiben dabei, die gesamte Tour zu wandern und folgen der wenig befahrenen Landstraße links bis zur Bushaltestelle Alploch/Schmitte. Es gibt hier auf der schmalen Straße keinen Gehweg. An der Bushaltestelle kommt von links der im Moment gesperrte Wanderweg vom Kirchle. Wir gehen an dem großen Wegweiser aber rechts und freuen uns schon sehr auf die **Alplochschlucht** ❻. Diese ist die erste der zwei Schluchten. Ein breiter Kiesweg führt uns bergab an den Eingang. Die Alplochschlucht ist ledig-

Mentale Erfrischung

Maisäß Rudach

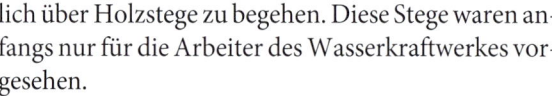

Auszeittour 5

Seit 1899 versorgt das Kraftwerk Ebensand am Staufensee die Stadt Dornbirn mit Strom. 7 Millionen Kilowattstunden Strom pro Jahr werden hier erzeugt. 1893 wurde mit dem Bau der 21 Meter hohen Staumauer des Staufensees begonnen.

Die Rappenlochschlucht zählt zu den größten Schluchten Mitteleuropas. Was zuerst nur für die Arbeiter des Wasserkraftwerkes gedacht war, entwickelte sich im Laufe der Jahre zu einem Kleinod der Erholung. Die Rappenlochschlucht wurde 1902 mit Stegen versehen. Nach einem sehr großen Felssturz wurden 2013 die Stege und die Rappenlochbrücke neu eröffnet.

lich über Holzstege zu begehen. Diese Stege waren anfangs nur für die Arbeiter des Wasserkraftwerkes vorgesehen.

Der Weg durch diese natürliche Schlucht ist extrem beeindruckend. Das Wasser hat mithilfe von feinem Sand die Kalkwände glatt poliert. Geübte Augen finden mit etwas Glück vielleicht kleine, versteinerte Muscheln an den Wänden. Die anfänglich breite Schlucht verengt sich zwischendurch so sehr, dass wir mit ausgestreckten Armen fast beide Wände berühren können. Unter uns fließt die Dornbirner Ach und von der Seite kommen schmale Bäche, die in kleinen Wasserfällen vor uns vorbeirauschen. Mit Worten ist dieses Erlebnis schwer zu beschreiben. Wir lassen uns viel Zeit und erreichen entspannt das **Kraftwerk Ebensand** ❼ und den **Kiosk** ❽ direkt daneben. Wir können durch große Glasscheiben in den Schauraum des Kraftwerkes hineinschauen. Die Maschine 2 ist bereits über 100 Jahre im Dienst. Eine tolle Leistung. Wir belohnen unsere heutige Leistung mit einem Eis vom Kiosk und nutzen eine der vielen Bänke, um uns zu setzen. Gemütlich schlendern wir nach der Rast weiter. Wir wählen die Variante hinter dem Kiosk über die Brücke, links am **Staufensee** ❾ vorbei, um zur Rappenlochschlucht zu wandern. Der breite Kiesweg verläuft idyllisch im Schatten der Bäume mit etwas Abstand vom Ufer des Sees, den wir so zur Hälfte umrunden. Die **Rappenlochschlucht** ❿ ist die längere und breitere der beiden Schluchten.

Gute, breite Wege führen teilweise über Stufen oder breite Stege auf und ab. Was das Flüsschen Dornbirner Ach im Laufe der langen Zeit geschaffen hat, ist überaus beeindruckend. Das weichere Mergelgestein wurde aus dem härteren Kalk herausgewaschen. Dadurch ist die unterschiedliche Breite der Schluchten entstanden. Nur Mutter Natur kann solche kontrastreichen, natürlichen Kunstwerke erschaffen.

Das Licht fällt zwischen den Bäumen hindurch auf die felsigen Wände und das grün schimmernde

Auszeittour 5

Wasser. Völlig verzaubert von den vielen Eindrücken erreichen wir das Ende der Rappenlochschlucht.

Der Einladung in den natürlichen Biergarten des **Rappenlochstadls** ❶ können wir nicht widerstehen. Der Kaffee schmeckt super und die Speisekarte bietet Kostbares „us am Ländle" – alles aus der Umgebung.

Nach dieser erneuten, sehr erfrischenden Pause nehmen wir die letzten Meter in Angriff. Nach 100 Metern treffen wir auf die uns vom Aufstieg bekannte Straße und folgen links dem Kiesweg zurück in den Park zum Springbrunnen. Mit dem Besuch des Krippen- und/oder des Rolls-Royce-Museums lassen wir diesen ereignisreichen Tag ausklingen.

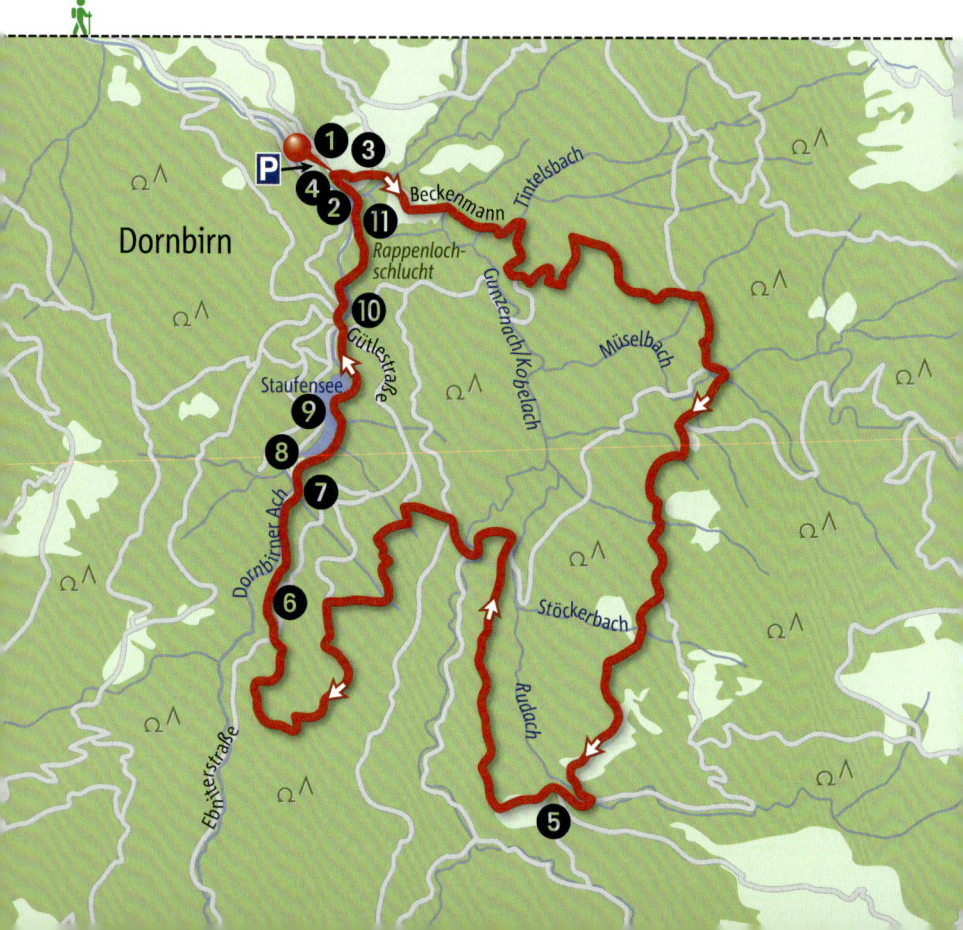

Alles auf einen Blick

Entspannung ✸✸✸✸✸

Genuss ✸✸✸✸✸

Romantik ✸✸✸✸✸

WIE & WANN:
Forststraßen, Wanderwege, Pfade und Stege, asphaltierte Straßen. Beste Wanderzeit ist von Mai bis Oktober. Wintersperre in den Schluchten beachten!

HIN & WEG:
Auto: Parkplatz am Rolls-Royce-Museum in Gütle (Ortsteil von Dornbirn/Österreich) (GPS: N47°23.476 E9° 46.536)

ÖPNV: Von Dornbirn Bf. mit dem Landbus 47 ins Gütle (Mo.–Fr. 7.45, immer .15 /.45 bis 18.45 Uhr, Sa./So./Feiertag 7.45, jede Stunde .45 bis 18.45 Uhr) (Landbus Unterland, Tel. (00 43) (0) 55 72/3 23 00, www.abfahrtszeiten.at)

ESSEN & ENTSPANNEN:
Gasthof Gütle ❸ Gütle 11, A-6850 Dornbirn, Tel. (00 43) (0) 55 72/20 15 40, www.guetle-gasthof.at (Sommersaison: Mi.–So. 11–14 u. 17–23 Uhr, Mo./Di. Ruhetag)
Kobel Alpe ❺ Rudach 561, A-6850 Dornbirn, Tel. (00 43) (0) 6 76/9 41 03 22 (Sommersaison: Mi.–Fr. ab 12, Sa. ab 10, So. 10–19 Uhr)
Kiosk am Staufensee ❽ Ebensand 1, A-6850 Dornbirn
Rappenlochstadl ⓫ Beckenmann 2, A-6850 Dornbirn, Tel. (00 43) (0) 6 64/6 45 34 41, www.rappenlochstadl.at (Sommersaison: tägl. 10–18 Uhr, Mi. Ruhetag, im Juli/Aug. kein Ruhetag)

ENTDECKEN & ERLEBEN:
Rolls-Royce-Museum ❶ Gütle 10, A-6850 Dornbirn, Tel. (00 43) (0) 6 64/5 24 81 13, www.rolls-royce-museum.at (Mai–Okt. tägl. 10–18 Uhr, Mo. Ruhetag, Juli/Aug. kein Ruhetag, Nov.–Jan. siehe Homepage)
Riesenmammutbaum ❷
Krippen-Museum ❹ Gütle 11c, A-6850 Dornbirn, Tel. (00 43) (0) 55 72/20 06 32, www.krippenmuseum-dornbirn.at (1. Mai–6. Jan. Di.–So. 10–17 Uhr)
Alplochschlucht ❻ www.rappenloch.at (Bitte die Wintersperre beachten!)
Kraftwerk Ebensand ❼
Staufensee ❾
Rappenlochschlucht ❿

Die Pfänderspitze

- 14,9 Kilometer
- 660 Höhenmeter
- 6 Stunden
- Rundweg

Panoramatour 6

Der Hafen in Bregenz ist heute der Start für die spannende Runde über den höchsten Gipfel am Bodensee. Wir gehen zum Kreisverkehr vor dem Parkhaus am Hafen und folgen der Beschilderung „Pfänderbahn" in die **Schillerstraße.** Die Straßenschilder sind erst auf den zweiten Blick zu entdecken, denn sie sind

Gipfel & Stollen
Die Pfänder-Überschreitung

in alter Schrift verfasst. An der zweiten Kreuzung biegen wir links in die **Belruptstraße** ein. Auf dieser laufen wir 200 Meter und lassen die Talstation der Pfänder-Seilbahn und die erste Möglichkeit, zum Pfänder rechts einzubiegen, außer Acht.

Wir wollen aus eigener Kraft den Gipfel des Pfänders erreichen. Und das zusätzlich noch mit super Aussicht. Deshalb wählen wir die Variante über Altreute. An dem Wegweiser „Altreute, Pfänder" biegen wir rechts auf den gepflasterten **Altreuteweg** ein. Dieser führt uns bergauf in die Straße **Auf der Reute** zum **Schwedenhang.** Über diesen Hang sollen im Dreißigjährigen Krieg die Schweden Bregenz erobert haben. Wir folgen dem Wegweiser „Lohorn/Pfänder" halbrechts bergauf. Wenige Schritte nach der Abzweigung wechselt der Asphalt zu Kies und wir tauchen in den Wald ein. Es ist sehr spannend, wie schnell wir uns in einer völlig anderen Umgebung wiederfinden.

Kaum zu glauben, dass wir erst wenige Minuten im Wald wandern. Der natürliche Weg variiert in der Breite. Er führt über erdige und steinige Passagen konstant bergauf. Natürlich dürfen auch Abschnitte

Die Pfänderbahn wurde 1927 in Betrieb genommen und 1994 renoviert. Für die 600 Höhenmeter werden rund 6 Minuten Fahrzeit benötigt. Die Gondeln fassen bis zu 80 Personen.

Panoramatour 6

über Wurzeln nicht fehlen. So gelangen wir zur kleinen **Kapelle Altreute** ❶. Hier verweilen wir etwas länger und ruhen uns kurz im Gras aus. Die Ausblicke auf den Bodensee und Bregenz sind jetzt schon beeindruckend. Nach der kurzen Rast setzen wir unsere Wanderung für die Seele fort. Der Weg Richtung Lohorn/Pfänder führt uns zuerst über Wiesengelände. Wir queren die Pfänderstraße und laufen auf dem gelb-weiß markierten Weg. Dieser leitet uns kurz durch den Wald, dann über Wanderwege zwischen Wiesen hindurch nach Lohorn. Das Erste, was uns dort ins Auge fällt, ist ein liebevoll angelegter kleiner, aber feiner privater Spielplatz. Eine kurze Rutschbahn, ein dekoratives Holzauto mit Sportlenkrad und ein kleiner Spielzeugbagger. Links vom Spielplatz ist ein **Mini-SB-Getränkestand** ❷. Für uns Wanderer

Getränkepause Lohorn

Die Pfänder-Überschreitung

gibt es hier die Möglichkeit, ein Glas Holundersaft zu kaufen. Und nicht zu vergessen: Das Panorama wird immer schöner und beeindruckender. Links sind schon die Berge der benachbarten Schweiz zu sehen. Unter uns die verschiedenen Buchten des Bodensees. Nach dieser kurzen Rast laufen wir wenige Schritte bergauf und biegen dann an dem Wegweiser

Für die Seele

Der Wald empfängt uns mit seiner Ruhe und Natürlichkeit. Die Wanderung bergauf ist beruhigend und abwechslungsreich zugleich.

„Pfänderstraße 2 Minuten/Pfänder links" ab. Wir wandern auf der asphaltierten Straße kurz in einem Linksbogen leicht bergab.

Nicht der privaten oberen Zufahrt folgen. Diese führt in eine Sackgasse zu einem privaten Wohnhaus. Wenige Meter vor der Pfänderstraße biegen wir rechts auf den rot-weiß markierten Forstweg ein. Er ist die ersten 50 Meter recht steil und zu Recht für Fahrzeuge gesperrt. Der Pfad wird zu einem Wanderweg, wird weniger steil und verbreitert sich zu einem Landwirtschaftsweg. Der Waldrand ist schon zu erkennen. Wir passieren noch eine Schranke und gelangen so aus dem Wald hinaus auf eine Straße. Dieser folgen wir rechts zur Pfänderspitze. Die Straße leitet uns in großen Bögen bergauf, vorbei an einer Sendeanlage des Österreichischen Rundfunks, und schon haben wir die **Pfänderspitze** ❸ erreicht. Die Pfänderspitze ist, wie der Name schon sagt, der höchste Punkt des Berges mit einem Sitzplatz. Direkt darunter liegt der **Alpenwildpark Pfänder** ❺ und das **Berggasthaus Pfänder** ❻.

Der Alpenwildpark ist ganzjährig geöffnet. Rothirsche, Mufflonwidder und Steinböcke sind dort genauso zu sehen wie Zwergziegen, Hasen und Hängebauchschweine. Der Rundgang dauert 30 bis 45 Minuten.

Panoramatour 6

Wir nehmen aber in der Gartenwirtschaft vom **SB-Restaurant Pfänderspitze** ❹ Platz und gönnen uns einen Kaiserschmarren zum Cappuccino. Unsere Blicke schweifen von den Bergen zu unserer linken Seite über den Bodensee, der grenzenlos zu sein scheint, hinunter nach Bregenz unter uns. Deutlich erkennen wir die Seebühne und das Festspielhaus.

Kapelle Altreute

So verlassen wir diesen wunderschönen Platz, schlendern einige Meter zurück, vorbei an der **Gaststätte Auf der Schwedenschanz** ❼ und gelangen zur **Theresienkapelle** ❽ am Pfänder. Sie wurde 1930 komplett aus Holz erbaut.

Bergab wandern wir nun weiter vorbei an der **Pfänder Alp** ❾ und dem großen Parkplatz Moosegg. 50 Meter nach dem Parkplatz geht es zum Gasthaus **Moosegg** ❿ nach links. Wir biegen rechts ab Richtung Fluh über Grasreute. Ein breiter Landwirtschaftsweg leitet uns zwischen Wiesen hindurch. Genussvoll wandern wir abwärts und freuen uns über etwas Ruhe. Der Gipfelbereich des Pfänders ist für viele ein Ziel. Hier in Richtung Fluh zieht es zu unserer Freude nicht so viele Wanderer. Der Blick auf die Berge Vorarlbergs ist eine schöne Abwechslung. Die rot-weißen Markierungen geben uns Sicherheit, auf dem richtigen Weg zu sein. An der nächsten Abzweigung wenden wir uns nach rechts nach Fluh über Grasreute.

Was wenig bekannt ist: Am Pfänder wurde Braunkohle abgebaut. Mit einigen Unterbrechungen wurde zwischen 1849 und 1922 geschürft. Unter uns im Wirtatobel, bei Langen und im Bereich der Talstation der Pfänderbahn wurden viele Stollen gegraben. Heute sind sie aber alle nicht mehr zu sehen oder zu benutzen. Der größte und bekannteste „Stol-

Obersee mit Seebühne Bregenz

Panoramatour 6

len" ist aber der Autobahntunnel durch den Pfänder. Über diesen sind wir beim Aufstieg schon gewandert. Später werden wir noch auf die Ein- bzw. Ausfahrt hinunterschauen.

So gehen wir weiterhin bergab, abwechselnd durch den Wald, dann wieder zwischen Wiesen hindurch, den rot-weißen Markierungen folgend. Nun erreichen wir die Asphaltstraße, die nach Grasreute führt. Dort wenden wir uns nach rechts in Richtung Fluh. Ab hier ist unser Weg wieder mit gelb-weißer Markierung versehen. Die Straße verläuft in großen Bögen durch den Wald und wir kommen den Häusern und dem Ortsrand von Fluh schnell näher.

Dort angekommen, gehen wir rechts in Richtung Ortsmitte und folgen rund 1,5 Kilometer dem Gehweg an der Hauptstraße. Hier wäre auch die Möglichkeit, mit dem Bus zurück nach Bregenz zu fahren. Direkt vor dem **Gasthaus Adler** ⓫ zweigt der Wanderweg links Richtung Känzele ab. Bevor wir dem folgen, genehmigen wir uns zuerst noch eine Erfrischung. Hier auf der Sonnenterrasse des Gasthauses Adler können wir gemütlich verweilen und auch die Berge in Ruhe anschauen.

Frisch gestärkt setzen wir unsere Tour fort. Kurz bergab auf Kies, dann wieder asphaltiert zwischen Wiesen hindurch. „Känzele Ausblick und Gebhardsberg" lesen wir auf dem nächsten Wegweiser, der uns noch kurz geradeaus schickt. 500 Meter später biegen wir links ab, unsere beiden Zwischenziele sind unverändert. An der nächsten Abzweigung noch einmal links, kurz bergauf und wir haben den oberen Känzeleweg erreicht, der uns zum **Aussichtspunkt Känzele** ⓬ führt. Dieser Weg ist ein Teil des Naturlehrpfades und wird von den Einheimischen auch

Die Pfänder-Überschreitung

Wurzelweg genannt. Und das stimmt wirklich. Uns gefällt es sehr, über die knorrigen Wurzeln zu wandern. Sehr abwechslungsreich leitet er uns am Rande des Felsens nun abwärts. Wir bleiben des Öfteren stehen, um die Aussicht auf das Rheintal und Bregenz zu genießen. Aber auch der Blick in den Wald lässt uns Bäume, die dick mit Moos bewachsen sind, entdecken. Wir treffen nun auf den Buchhaldenweg, dem wir in Richtung Gebhardsberg nach links folgen. Die natürliche Sandsteinmauer, an der wir entlangwandern, zeigt uns die verschiedenen Schichtungen des Konglomeratgesteines. So erreichen wir den Vor-

Nur noch die Ringmauer ist von der 1209 erstmals erwähnten Hochburg erhalten geblieben. Am Ende des Dreißigjährigen Krieges wurde die Burg von schwedisch-französischen Truppen kampflos eingenommen und einige Monate später gesprengt.

Innenansicht Ruine Hohenbregenz

platz und schreiten über breite, gepflasterte Stufen aufwärts. Durch einen schönen, großen Rundbogen betreten wir die **Burgruine Hohenbregenz** ⓭.

Es empfängt uns ein sehr großzügiger Innenraum. Ein gepflasterter Fußweg führt uns zwischen gepflegtem Rasen zur Gebhardskapelle. Direkt rechts daneben steht das 1964 erbaute **Burgrestaurant Geb-**

Panoramatour 6

> Neben den bekannten Bregenzer Festspielen finden jährlich viele Shows statt. Stars wie z. B. Falco, Herbert Grönemeyer, Udo Jürgens, Supertramp und Elton John haben auf der Seebühne Konzerte gegeben. 2008 wurden dort auch Aufnahmen zum James-Bond-Film „Ein Quantum Trost" gedreht.

hardsberg ⑭. Wir gehen um die Kapelle herum zum Aussichtspunkt. Direkt unter uns ist die Ein- bzw. Ausfahrt des Pfändertunnels, der Rhein, der in den Bodensee mündet, das Rheintal seitlich von den Bergen eingerahmt. Wir genießen diese Ausblicke und spüren eine tiefe Zufriedenheit in uns. Wir schlendern etwas gedankenverloren über die Pflastersteine, bevor wir die Ruine wieder verlassen. Am Rande des Parkplatzes laufen wir auf dem breiten Kiesweg links bergab in Richtung Bregenz Zentrum. Dies ist kein langweiliger Weg, der uns durch den Wald führt. Ein Waldklavier ist links von uns aufgebaut. Die farbig markierten, frei hängenden Holzstücke können im Dreivierteltakt mit einem dünnen Holzstück angespielt werden. Mit etwas Rhythmus, Geschick und Fantasie ist dann das Lied „Kuckuck, Kuckuck ruft's aus dem Wald" zu hören. Viele Bäume sind beschriftet und es ist interessant, wie groß und alt sie hier im Stadtwald geworden sind. Nach der Überquerung der Straße halten wir uns links Richtung Bahnhof und gelangen so wieder an den Stadtrand von Bregenz. Am Ende der Schlossbergstraße nutzen wir den Zebrastreifen und folgen den weiß-gelben Wanderwegzeichen direkt zur imposanten **Pfarrkirche St. Gallus** ⑮. Sie ist die älteste Kirche in Bregenz.

Wir verlassen die Kirche wieder durch den Haupteingang und folgen dann der Kirchstraße abwärts. Wenige Schritte später können wir rechts, hoch über uns, den Pfändergipfel mit dem 95 Meter hohen Sendemasten sehen. Kaum zu glauben, dass wir vor wenigen Stunden noch dort oben waren. Mit uns völlig zufrieden wandern wir zwischen den alten Häusern weiter die lange

Burgrestaurant Gebhardsberg

Panoramatour 6

Kirchstraße entlang. Zahlreiche Wirtshäuser laden zu Speisen und Getränken ein. Wir schlendern weiter, biegen rechts in die **Bahnhofstraße** ein, um wenige Schritte später links in die **Inselstraße** zu laufen. Diese bringt uns an die stark befahrene Uferstraße. Rechts geht es zurück zum Parkhaus und der Zughaltestelle Am Hafen.

Links befindet sich das Festspielhaus und die berühmte **Seebühne** ⓰.

Bevor wir die Heimreise antreten, genießen wir bei einem Eis noch das bunte Treiben hier auf der Uferpromenade und lassen unsere Füße im Wasser baumeln.

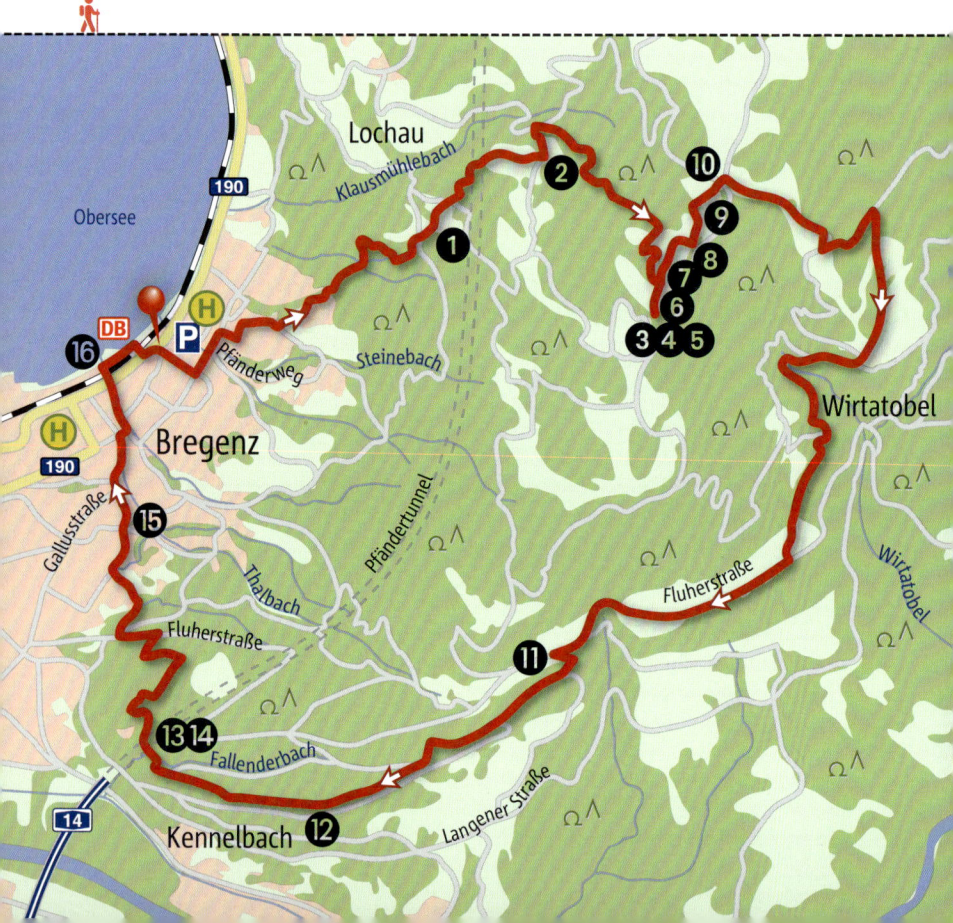

Alles auf einen Blick

WIE & WANN:
Wanderwege, Landwirtschaftswege und asphaltierte Straßen.
Beste Wanderzeit ist von März bis Oktober.
HIN & WEG:
Auto: Parkhaus am Hafen, Reichsstraße 1, A-6900 Bregenz, Durchfahrtshöhe 2 Meter
(GPS: N47°30.348 E9°44.963), www.apcoa.at/parken-in/bregenz/bregenz-am-hafen.html
(Mo.–So. durchgehend geöffnet)
ÖPNV: Mit dem Zug bis Hafen Bf. in Bregenz

Entspannung ✸✸✸✸✸
Genuss ✸✸✸✸✸
Romantik ✸✸✸✸✸

ESSEN & ENTSPANNEN:
SB-Mini-Getränkestand ❷
SB-Restaurant Pfänderspitze ❹ Pfänder 5, A-6911 Lochau, Tel. (00 43) (0) 55 74/4 30 66,
www.pfaender.at/gastronomie (Di./Mi. 11–22, Sa.–Mo. 11–18 Uhr, Do./Fr. Ruhetag,
je nach Wetter und Jahreszeit Änderungen möglich)
Berggasthaus Pfänder ❻ Pfänder 3, A-6911 Lochau, Tel. (00 43) (0) 55 74/4 21 84,
www.pfaender.at/gastronomie/berghaus-pfaender (Mai–Mitte Sept. tägl. 9.30–18.30 Uhr)
Gaststätte Auf der Schwedenschanz ❼ Pfänder 19, A-6911 Lochau,
Tel. (00 43) (0) 55 74/ 4 20 24, www.schwedenschanz.at (Di.–So. bis 17 Uhr, Mo. Ruhetag)
Pfänder Alp ❾ Pfänder 31, A-6911 Lochau, Tel. (00 43) (0) 55 74/4 61 86,
www.pfaenderalp.at/ (Do.–Mo. 10–19 Uhr, Di./Mi. Ruhetag)
Gasthaus Moosegg ❿ Moosegg 1, A-6911 Lochau,
Tel. (00 43) (0) 55 74/5 86 96 www.moosegg.eu (Di.–So. 11–19 Uhr, Mo. Ruhetag)
Gasthaus Adler ⓫ Fluh 11, A-6900 Bregenz, Tel. (00 43) (0) 55 74/4 48 72,
www.adler-bregenz.at (Di. ab 17, Mi.–Sa. 11–22, So./Feiertage 10–15 Uhr, Mo. Ruhetag)
Burgrestaurant Gebhardsberg ⓮ Gebhardsbergstraße 1, A-6900 Bregenz,
Tel. (00 43) (0) 55 74/4 25 15, http://www.greber.cc (Juni–Sept. tägl. ab 11 Uhr)

ENTDECKEN & ERLEBEN:
Kapelle Altreute ❶ **Pfänderspitze** ❸ **Alpenwildpark Pfänder** ❺ ganzjährig geöffnet
Theresienkapelle ❽ am Pfänder **Aussichtspunkt Känzele** ⓬ **Burgruine Hohenbregenz** ⓭
Pfarrkirche St. Gallus ⓯ **Seebühne und Festspielhaus Bregenz** ⓰ www.bregenz.at

- 10,2 Kilometer
- 400 Höhenmeter
- 4 Stunden
- Rundweg

Burgruine Altbodman

Panoramatour 7

Bei blauem Himmel und Sonnenschein starten wir heute im Ortskern von Liggeringen. Hier fällt uns die beeindruckende **Kirche St. Georg** ❶ mit ihrem farbigen Dach gleich ins Auge. An dieser gehen wir vorbei, die **Bodanrückstraße** leicht bergab bis zur Dettelbachstraße. Wir biegen in diese rechts ein und ori-

Verschlungene Pfade
Rund um die Ruine Altbodmann

entieren uns an dem markierten Bodensee-Rundweg-Zeichen in Richtung Ruine Altbodman. Wir laufen für gute 200 Meter auf der **Dettelbachstraße** und kommen am **Weingut Rebholz** ❷ vorbei, bevor wir nach rechts in die **Straße Zur alten Kirche** abzweigen. Dieser gilt es nun bergaufwärts zu folgen, bis wir zu einer Schranke gelangen. Hier beginnt das **Naturschutzgebiet Ober Öschle.**

Kurz hinter der Schranke gehen die Pflastersteine in einen Waldpfad über. Wir wandern auf diesem bis an die nächste Abzweigung, überqueren einen breiteren Waldweg und folgen bei Schlauchen der weißen Beschilderung in Richtung Bodenwald, Frauenberg, Ruine Altbodman und verlassen den Bodensee-Rundweg. Der Pfad führt uns zunächst bergab, an umgestürzten und mit verschiedenen Moosen bewachsenen Bäumen vorbei, dann wieder bergan.

Am Ende des Pfades gelangen wir erneut auf einen etwas breiteren Waldweg. Hier halten wir uns links und folgen dem Weg weiter sanft bergan. Hier an den Hängen des **Bodenwaldes** ❸ wächst schon üppig der sattgrüne Bärlauch, dessen typischen, knob-

Panoramatour 7

lauchartigen Geruch wir bereits aus einiger Entfernung wahrnehmen können. Wir biegen jedoch nicht Richtung Bodenwald ab, sondern laufen auf unserem breiten Waldweg. Immer wieder gibt es kleine Lichtungen, die den Blick in Richtung Liggeringen und Güttingen freigeben. An der nächsten Abzweigung wandern wir auf dem mit einer gelben Raute markierten Weg weiter bergan, gehen an der bald folgenden Schranke vorbei und verlassen den Wald. Wir orientieren uns hier am **Ölberg** ❹ weiter an der Beschilderung in Richtung Ruine Altbodman. Heute haben wir großes Glück, denn auf unserer linken Seite machen sich gerade zwei Hirsche über das erste grüne Gras her und bemerken uns erst recht spät, sodass wir genügend Zeit haben, die beiden mit ihrem gewaltigen Geweih ausgiebig zu beobachten. Nach-

Hirsche am Bodenwald

Rund um die Ruine Altbodmann

dem die beiden Hirsche sich wieder in den Wald zurückgezogen haben, setzen auch wir unseren Weg fort. Jetzt geht es vorbei an der **Bisonstube Bodenwald** ❺ und am Bisongehege. Leider waren heute die Bisons nicht auf ihrer Wiese zu sehen. Gegenüber dem Bisongehege steht noch ein großes, eindrückliches Wegkreuz, an dem wir vorbeigehen und nun nach

Für die Seele

Der eindrucksvolle Weitblick von der Ruine Altbodman auf den Bodensee und die noch schneebedeckten Berggipfel bleiben uns nachhaltig im Gedächtnis.

links abbiegen, bergab über einen geschotterten Hohlweg. Diesem folgen wir und sehen auf unserer rechten Seite bereits ab und an den Bodensee durch die Bäume leuchten. Kurz darauf stehen wir schon vor der **Ruine Altbodman** ❻.

Rings herum um die Ruine entdecken wir auch die lila-blau blühenden Leberblümchen. Wir folgen dem Pfad um die Ruine herum, durch den Torbogen gelangen wir in den Innenhof, in dem uns die hohen Mauern und Fenster beeindrucken. Von hier geht es direkt weiter auf den Aussichtspunkt. Von dort breitet sich ein atemberaubendes Panorama mit dem Bodensee vor einem aus. Auf einem gegenüberliegenden Hügel zu unserer Rechten liegt das Kloster Frauenberg – ursprünglich war dies der Standort der Burg, die aber nach einem Brand auf den jetzigen Standort der Ruine verlagert wurde.

Nachdem wir die Aussicht in uns aufgesogen haben, geht es ein Stück den Pfad an den Burgmauern zurück zum Wanderweg, um nun in vielen Serpentinen bis nach Bodman abzusteigen. Nach dem Abstieg im Wald gelangen wir auf eine Lichtung kurz

Die Kernburg wurde bereits Ende des 13. Jahrhunderts/ Anfang des 14. Jahrhunderts erbaut und bis ins 17. Jahrhundert stetig erweitert, bis sie im Dreißigjährigen Krieg (1643) bei Angriffen zerstört wurde. Die jetzige Aussichtsterrasse wurde bereits um 1900 erbaut.

Panoramatour 7

vor Bodman, auf der uns eine gemütliche Bank zum Verweilen einlädt. Nach kurzer Rast geht es noch etwas bergab bis zum Wanderparkplatz in Bodman. Direkt hinter dem Parkplatz halten wir uns rechts auf einem breiten Feldweg. Nach rund 100 Metern treffen wir auf die **Schlossstraße,** in die wir einbiegen und der wir in Richtung Rentamt folgen.

Am Ende der Schlossstraße gehen wir am noch bewohnten **Schloss Bodman** ❼ vorbei und gelangen direkt hinter dem Schloss wieder auf einen Waldweg. Diesem folgen wir kurz etwas bergan, orientieren uns an den Holzschildern in Richtung Aussichtspunkt/Weg zum Bodenwald, am Schlosspark vorbei geht es nun auf engeren Pfaden im Wald wieder bergan. Der Pfad windet sich in Serpentinen durch den Wald immer weiter nach oben, an den steileren Stellen helfen Treppenstufen, den Hügel zu erklimmen. Oben angekommen, freuen wir uns auf eine kurze Pause auf der Bank. Das Panorama von hier oben entschädigt für alle Anstrengung im Aufstieg. Wir

Schloss Bodman

Blick von der Ruine Altbodman auf den Bodensee

haben einen wunderbaren Ausblick auf Bodman, das zu unseren Füßen liegt, und auf den Bodensee mit einigen Fischerbooten.

Nach einer kleinen Erholungspause setzen wir unseren Weg fort und haben etwas weiter oben am Aussichtspunkt einen tollen Ausblick auf die Ruine Altbodman und das Kloster Frauenberg. Dem Waldweg folgend bieten sich auf unserer linken Seite unerwartete wunderschöne Ausblicke auf die schneebedeckten Berge. Nun gelangen wir an eine Viererkreuzung im Wald. Wir biegen hier nach links ab und folgen der Markierung des Premiumwanderwegs Bodensee. Nach etwa 250 Metern erkennen wir auf unserer linken Seite den Grillplatz Stöckenloch ❽. Wir laufen auf dem markierten Wanderweg nun weiter durch den Wald zurück nach Liggeringen. Nach weiteren 200 Metern im Wald gelangen wir erneut auf freies Feld. An dieser Stelle liegt ein grandioses Bodensee- und Bergpanorama vor uns. Grüne Wiesen, gelbe Felder, weiße Berge und der blaue See. Un-

Panoramatour 7

vergesslich. Glücklicherweise stehen hier auf unserer linken Seite mehrere Bänke, von denen wir diesen Ausblick einfach auf uns wirken lassen.

Nun geht es, zunächst ein Stück auf Asphalt, weiter auf einem mit der gelben Raute markierten Wiesenweg. An den sonnigen Wiesenhängen entdecken wir viele Buschwindröschen und erkennen in der Ferne sogar Radolfzell mit seinem markanten Münster. Nach rund 250 Metern erreichen wir auch die ersten Häuser von Liggeringen, gehen entlang der **Bodanrückstraße** bis in den Dorfkern. Hier können wir im **Landgasthof Adler** ❾ noch ein kühles Getränk genießen und die heutigen Erlebnisse Revue passieren lassen, bevor wir unsere Rückfahrt mit dem Bus nach Radolfzell antreten.

Alles auf einen Blick

WIE & WANN:
Feld- und Waldwege, wenige asphaltierte Straßen. Beste Wanderzeit ist von April bis Oktober.

HIN & WEG:
Auto: Wenige Parkplätze im Ortskern von Liggeringen (GPS: 47,774405N 9,0283190)
ÖPNV: Mit dem Zug bis Radolfzell Bf., von dort mit dem Stadtbus (Linie 6) nach Liggeringen

Entspannung ✸✸✸✸✸
Genuss ✸✸✸✸✸
Romantik ✸✸✸✸✸

ESSEN & ENTSPANNEN:
Bisonstube Bodenwald ❺ Hofgut Bodenwald 1, 78315 Radolfzell,
Tel. (0 77 73) 50 90 (Mi.–So. ab 12 Uhr, Mo./Di. Ruhetag, wetterbedingte Änderungen möglich)
Landgasthof Adler ❾ Bodanrückstraße 18, 78315 Radolfzell-Liggeringen,
Tel. (0 77 32) 9 52 50, www.adler-liggeringen.de/ (Mo.–Sa. ab 16 Uhr, So. Ruhetag)

ENTDECKEN & ERLEBEN:
Kirche St. Georg ❶ Bodanrückstraße 15, 79315 Radolfzell-Liggeringen
Weingut Rebholz ❷ Bergstraße 1, 78315 Radolfzell-Liggeringen
Bodenwald ❸
Ölberg ❹
Ruine Altbodman ❻
Schloss Bodman ❼ Schloßstraße 11, 78351 Bodman-Ludwigshafen
Grillplatz Stöckenloch ❽

Panoramatour 8

Unsere Rundwanderung zum Fünfländerblick beginnen wir in Rorschach direkt am Yachthafen, am **Parkplatz Kurplatz**. Dort folgen wir der **Seepromenade,** auf unserer linken Seite vorbei am **Forum Würth ❶**, und erfreuen uns an den verschiedenen Kunstobjekten direkt am See. Hinter der Seepromenade, am Strand-

Traumhaft schön
Fünfländerblick und Rossbüchel

bad, laufen wir etwa 200 Meter auf der Bahnhofstraße und überqueren diese mithilfe einer Brücke, der Beschilderung in Richtung Altenrhein folgend. Auf der **Warteggstraße** laufen wir 900 Meter und gehen zügig geradeaus in Richtung Staad. Kurz vor dem Ortseingang von Staad überqueren wir die Bahnschienen und gelangen so nach Staad hinein.

Durch den **Park Hörnlibuck ❷** gehen wir weiter am Bodensee entlang, vorbei an den Anlegestellen, überqueren an deren Ende die Hauptstraße und gehen rechts bergan in die **Büchenstraße** hinein. Wir überqueren die Bahngleise, halten uns dahinter links, ehe wir nach rechts in die **Müllgass** gehen und dem Wanderweg in Richtung **Wartensee** folgen. Von nun an geht es immer bergan, wir überqueren am Ende der Mülgass die **Wilengasse** und laufen weiter geradeaus auf der **Straße Schönenbach.** An den letzten Häusern vorbei auf einem Kiesweg aufwärts, dann einige Treppenstufen hinauf, gelangen wir schließlich zur Brücke, mit deren Hilfe wir die unter uns liegende Autobahn überqueren. Wenn wir einen Blick zurückwerfen, haben wir bereits jetzt einen schönen Ausblick über den Bodensee.

Panoramatour 8

Am Ende der Brücke geht es scharf nach links, über einige Treppenstufen im Wiesenhang bergauf, oben angelangt laufen wir auf einem schmalen Wiesenweg etwa 500 Meter weiter bergan, auf der linken Seite vorbei am Wasserreservoir. Oben angekommen, geht es nun im Wald weiter, hier folgen wir der Beschilderung nach links in Richtung Landegg. Nach weiteren 500 Metern gelangen wir auf die **Wartenseestraße,** wir gehen rund 200 Meter an der Straße entlang, bis zu unserer ersten Einkehr für heute. Auf der Terrasse des **Restaurants Windegg** ❸ genießen wir ein kühles Getränk und sammeln unsere Kräfte für den weiteren Aufstieg.

Nach unserer kurzen Pause gehen wir zurück bis kurz zur Unterführung und biegen nach rechts auf den Waldweg ein, von nun an orientieren wir uns an der gelben Raute bergan in Richtung Landegg. Hier im lichten Wald blühen auch die ersten Frühjahrsboten – Schlüsselblumen und Purpurnesseln.

Oben auf der Lichtung angekommen, sehen wir auf unserer rechten Seite die ersten, noch schneebedeckten Appenzeller Berge in der Ferne. Für uns geht es auf dem Wiesenpfad erst noch ein Stück bergan, dann auf dem

Yachthafen Rorschach

Fünfländerblick und Rossbüchel

Wanderweg wieder bergab. Es folgt auf der **Burenweid** noch ein kurzes Stück Asphalt, dann überqueren wir die **Thalstraße,** ein kurzes Stück bergauf, und schließlich sind wir in **Landegg** angelangt. Von **Landegg** genießen wir bereits jetzt für einige Minuten den beeindruckenden Blick über den Bodensee, ehe wir uns wieder in Bewegung setzen.

Für die Seele

Wir lassen die Seele über die glatte Oberfläche des Bodensees wandern und entdecken die Vielseitigkeit des Ufers.

Ab Landegg folgen wir dem Wegweiser in Richtung Fünfländerblick. Von hier aus haben wir noch rund 30 Minuten Anstieg vor uns. Zunächst führt uns unser Weg durch lichten Wald, den wir bald verlassen und auf einem grasbewachsenen Rücken ankommen. Diesen gehen wir entlang und kommen nach rund 150 Metern auf einen Asphaltweg, die **Rossbüchelstraße.** Hier begegnen uns auch diejenigen, die nicht die gesamte Wegstrecke wandern, sondern nur vom letzten Parkplatz aus. Nun geht es die letzten 200 Meter etwas steiler bergan, dann haben wir es aber auch endlich geschafft. Wir sind am **Fünfländerblick** ❹ angekommen.

Der Name Fünfländerblick reicht einige Zeit zurück – man überblickt an diesem Aussichtspunkt die Schweiz und die alten Länder Vorarlberg, Bayern, Baden und Württemberg.

Der Ausblick hier ist so atemberaubend, dass wir gar nicht wissen, wo wir zuerst hinschauen sollen. Vor uns liegt der blau glitzernde Bodensee mit den vielen weißen Punkten, den Segelbooten. Wir können ihn von Bregenz und dem Pfänder bis Friedrichshafen und auf der anderen Seite von Konstanz über das gesamte Schweizer Ufer bis Altenrhein überblicken. Wir setzen uns auf eine der vielen Bänke und genießen die Aussicht. Bevor wir nach einer aus-

Panoramatour 8

giebigen Pause weiterlaufen, geht unser Blick auch auf die andere Seite hinüber – der blaue Himmel, das teilweise schon frische Grün, und die schneebedeckten Gipfel – das ist ein Anblick, den wir so schnell nicht vergessen werden. Nun gehen wir weitere 10 Minuten bergan zur **Wirtschaft Rossbüchel** ❺. Hier im gut besuchten Biergarten genießen wir die Aussicht bei einem Erfrischungsgetränk und wappnen uns für die letzten Höhenmeter. Schließlich erklimmen wir den 960 Meter hohen **Gipfel Rossbüchel** ❻.

Nach der Ruhepause müssen wir nun leider doch weiter, wir gehen hinter der Wirtschaft durch den Wald, dem Wanderweg folgend, und stoßen rechts bereits nach wenigen Hundert Metern auf einen Kiesweg, der uns an einem Hof vorbeiführt, und dem wir in einer leichten Linkskurve folgen. Oben in der Nähe des Gipfels angelangt, erwartet uns noch einmal eine Aussichtsbank, die letzte Gelegenheit, diesen Ausblick zu verinnerlichen, bevor wir dem mit einer gelben Raute markierten Wiesenweg abwärts folgen. Am Ende der Wiese stoßen wir auf ein wunderschönes, hölzernes Wegkreuz, an dem wir nach rechts auf einen Kiespfad abbiegen. Auf dem Kiespfad laufen wir nun rund 200 Meter und genießen die Aussicht – blauer Himmel und saftige, grüne Wiesen neben uns. Bevor wir aber zu stark ins Schwärmen geraten, müssen wir darauf achten, dass unser Pfad vom Kiesweg scharf nach links abzweigt. Auf diesem Pfad geht es am Waldrand vorbei und über Wiesen weiter bergab, bis wir **Koblen,** eine kleine Siedlung, erreichen.

Im weiteren Abstieg empfiehlt es sich, die Augen offen zu halten, denn unser Pfad führt uns zwischen Ställen und Bauernhöfen hindurch, über Wiesen und Felder immer weiter bergab in Richtung Rorschach Hafen. Bei unserem Abstieg überqueren wir regelmäßig kleine Bäche und gehen an deren Ufern entlang. Unerwartet stoßen wir am Ende eines Waldweges auf das **St. Annaschloss** ❼.

Hinter dem Schloss geht es durch einen dicht be-

Das St. Annaschloss wurde etwa um 1170/80 erbaut und erstmals erwähnt. Etwa 1450 erwarb das Kloster St. Gallen die Burg und 1509 stiftete Abt Franz die Burgkapelle zu Ehren der Heiligen Anna – seitdem wird die Burg St. Annaschloss genannt.

Kunst aus der Sammlung Würth

Über Wiesen und kleine Bäche in Richtung Rorschach

Panoramatour 8

wachsenen Wald bergab, durch eine Unterführung unterqueren wir die Autobahn, gelangen so nach Rorschacherberg. Vor uns liegt Rorschach.

Wir folgen dem **Ebnetsträßchen,** überqueren die **Hauptstraße,** dann geht es über die **Schützenstraße** und im Anschluss in die **Paradiesstraße** und **Haldenstraße** um das ehemalige **Benediktinerkloster Mariaberg** ❽ herum. Am Ende der Haldenstraße halten wir uns rechts und gehen auf der **Mariabergstraße** 1,1 Kilometer bis zum Rorschacher Hafen. Dort angelangt, sind es nur noch wenige Meter, wieder direkt am Ufer des Bodensees entlang, bis zum Yachthafen. Auf einer der vielen Bänke lassen wir die heutigen Eindrücke noch einmal auf uns wirken und kehren so mit müden Beinen, aber sehr entspannt, zum Parkplatz zurück.

Alles auf einen Blick

WIE & WANN:
Kies-, Feld- und Waldwege, einige asphaltierte Straßen.
Beste Wanderzeit ist von April bis Oktober.

HIN & WEG:
Auto: Parkplatz P2 „Kurplatz" Rorschach (Churerstraße) (GPS: 47,478006N 9,5014700)
ÖPNV: Mit dem Zug direkt bis Rorschach Hbf.

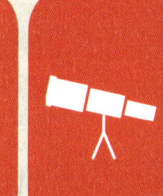

Entspannung ✹✹✹✹✹
Genuss ✹✹✹✹✹
Romantik ✹✹✹✹✹

ESSEN & ENTSPANNEN:
Restaurant Windegg ❸ Schlossweg 3, CH-9404 Rorschacherberg,
Tel. (00 41) (0) 71/8 55 30 41 (Do.–Sa. 10–20, So. 10–15 Uhr, während der Sommerzeit ist bei schönem Wetter die Gartenwirtschaft bis Sonnenuntergang geöffnet)
Wirtschaft Rossbüchel ❺ Rossbüchel 416, CH-9036 Grub St. Gallen,
Tel. (00 41) (0) 71/8 91 20 20, www.rossbuechel.com (Mo.–Sa. 11–23, So. 11–22 Uhr)
Weitere Restaurants und Cafés direkt in Rorschach

ENTDECKEN & ERLEBEN:
Forum Würth ❶ Churerstraße 10, CH-9400 Rorschach,
Tel. (00 41) (0) 71/2 25 10 70, (Apr.–Sept. tägl. 10–18, Okt.–März Di.–So. 11–17 Uhr)
Hörnlibuck ❷ Hauptstraße 7, CH-9404 Rorschacherberg
Fünfländerblick ❹
Gipfel Rossbüchel (960 m) ❻
St. Annaschloss ❼ Hofstraße 120, CH-9404 Rorschacherberg
Kloster Mariaberg ❽ Seminarstraße 27, CH-9400 Rorschach

Die „Kapf-Wand"

- 11,8 Kilometer
- 745 Höhenmeter
- 5 Stunden
- Rundweg

Panoramatour 9

Wir starten unsere ausgedehnte Tour am kostenfreien Parkplatz beim **Freibad in der Riebe** ❶ in Götzis. Während der Badesaison bietet sich hier der **Kiosk mit Grillplatz** ❷ zur Einkehr an. Hinter dem Turm geht es über eine Fußgängerbrücke über den **Emmebach** zurück zur Straße. Der Wegweiser „Örflaschlucht" nach

Bergwege & Tiefblicke
Über den „Schreckweg" auf den Kapf

rechts ist nicht zu übersehen und wir laufen auf dem deutlich markierten Fußweg, der dem Bachlauf folgt, in Richtung Örflaschlucht. Wir lassen die Turnhalle des Ringer Zentrums West „links liegen", genauso wie das Schwimmbad, das direkt dahinter liegt. Obwohl unsere Rucksäcke mit Getränken und Vesper gefüllt sind, gönnen wir uns am einladenden öffentlichen Kiosk des Schwimmbades noch eine süße Wegzehrung für unsere Wanderung.

Die Tour ist erst wenige Hundert Meter alt, aber wir folgen schon gespannt und erwartungsvoll dem gelb-weiß markierten Wanderweg leicht bergauf. Der Bodenbelag wechselt zwischen grobem Asphalt und Kies, und die Orientierung ist leicht, da wir immer noch entgegen der Fließrichtung des Baches wandern. Der Weg beschreibt einen langen Rechtsbogen und gibt das erste Mal den Blick auf eine senkrechte, rund 110 Meter hohe Felswand frei – die sogenannte „Kapfwand". Faszinierend, was Mutter Natur da hingezaubert hat. Und genauso faszinierend ist es, dass wir auf unserem Wanderweg dort oben ankommen werden, ohne zu klettern.

Panoramatour 9

Der sehr breite Kiesweg, der für Mountainbiker gesperrt ist, bringt uns an den Beginn der **Örflaschlucht.** Wir gehen jedoch nicht in die Schlucht hinein, sondern biegen direkt hinter der Brücke links ab und laufen auf dem **Kirschweg** in Richtung Meschach.

Unser Wanderweg führt nun leicht bergauf. Die naturbelassene Umgebung strahlt eine unglaubliche Ruhe aus. Das Plätschern des Baches zu unserer Linken und der rund 1,5 Meter breite Wanderweg erhöhen unsere Freude an dieser Tour. Der Belag wechselt auf den 200 Metern bis zum nächsten Wegweiser zwischen Kies und Waldboden. Teilweise sind auch kleine Holzbalken als Treppe verbaut. Nach einem leichten Rechtsbogen haben wir den Wegweiser er-

Blick auf die „Kapf-Wand"

Über den „Schreckweg" auf den Kapf

reicht und lesen zum ersten Mal unser Gipfelziel: Kapf Schreckweg. Bevor wir an diesem Wegweiser wieder rechts in den Wald einbiegen, genießen wir noch einmal den Blick auf die Kapfwand. In ihr gibt es zwei schwere Klettersteige. Dieses Abenteuer überlassen wir lieber anderen und setzen unsere Wanderung für die Seele genüsslich fort. Von nun an

Für die Seele

Die Geborgenheit des Waldes in Verbindung mit den traumhaften Ausblicken lassen unsere Herzen höher schlagen.

ist unser Weg weiß-rot-weiß markiert. Das Wegzeichen für gute Bergwanderwege. Stetig bergauf wechselt unser Untergrund jetzt zwischen Waldboden, der mit größeren Steinen bedeckt ist, und felsigen Abschnitten. Die Sonne strahlt durch die Bäume und wir genießen den Schatten des Waldes und die Lichtspiele in den Wipfeln.

Der Wald öffnet sich nach rund 300 Metern und völlig überraschend stehen wir vor einem großen **Kunstwerk aus Holz ❸**, eine rund 4 Meter hohe Holzleiter auf einem Baumstumpf. Im oberen Teil der Leiter befindet sich ein Holzmännchen, in seiner Hand eine Metallwaage mit zwei Holzteilen „Gia und Nia". Die Leiter wird unten von einem zweiten Holzmännchen stabilisiert, das auf dem Kopf stehend mit seinen Füßen die Leiter stützt.

Obwohl es hier keine direkte Sitzmöglichkeit gibt, erfrischen wir uns mit den Getränken aus unserem Rucksack. Wir wandern weiter, unser Weg ist jetzt ein Pfad geworden, dem wir wenige Meter bis zur nächsten Abzweigung folgen. Unser Zwischenziel **Kapf Schreckweg** steht ganz oben auf dem Wegweiser und

Panoramatour 9

wir wissen: In dieser Kulisse werden die folgenden 1,5 Stunden unserer Wanderung wie im Flug vergehen.

Oberhalb von der Abzweigung, an der wir uns gerade befinden, hören wir die Straße nach Meschach, die wir gleich überqueren. Die Beschilderung ist perfekt. Sie besteht entweder aus Hinweisen mit den jeweiligen Zielen oder farbigen Markierungen mit Richtungszeichen an den Bäumen. Die Breite des Weges variiert genauso wie die Steigung. Wir passen unser Tempo den jeweiligen Gegebenheiten an und

Über den „Schreckweg" auf den Kapf

genießen es, einfach nur auf den Weg zu schauen und an nichts zu denken. Natürlich sind wir aufmerksam und freuen uns über die Ausblicke zu unserer linken Seite, die immer wieder möglich sind, denn teilweise wirken die Äste der Bäume wie ein Passepartout für ein Bild. Gleichzeitig bekommen wir den Kopf frei. Im Moment gibt es keine Sorgen. Nur die Natur und uns.

Zum ersten Mal wird unser Weg nun von einem Drahtseil flankiert. Bei Nässe ist es sicher hilfreich und kann als Handlauf genutzt werden. Kurz danach erreichen wir den schönen **Aussichtspunkt Schreckkopf** ❹. Wir nutzen die Möglichkeit zum Rasten und sehen zum ersten Mal seit Beginn der Wanderung den Bodensee in einiger Entfernung unter uns liegen.

Kurz nach dem Aussichtspunkt besteht die Möglichkeit, nach rechts in Richtung Meschach zu gehen. Bei schlechtem Wetter oder Ermüdung kann man die Tour an dieser Stelle verkürzen und mit dem Bus zurück zum Parkplatz nach Götzis fahren.

Bei uns ist zum Glück alles bestens. Fit wie ein neuer Wanderschuh folgen wir dem abwechslungsreichen Schreckweg in Richtung Kapf. Wir fragen uns, warum dieser Weg Schreckweg genannt wird. So schön und abwechslungsreich wie er ist, hätte er eigentlich einen anderen Namen verdient. Rechts unter uns sehen wir den Kirchturm von Meschach, ein bezaubernder Ort, den wir heute noch besuchen werden. Über Waldboden, Wurzeln und nochmal Waldboden erreichen wir eine große Lichtung mit Weidezäunen und kleinen Hütten. Eine Kuhherde liegt wiederkäuend im warmen Gras. Sie lässt sich von uns nicht aus der Ruhe bringen.

Ein weiteres Mal haben wir eine prächtige Sicht auf den Bodensee und das direkt unter uns liegende Rheintal. Wir gehen ohne Pause weiter, denn oben am Kapf wartet ein ganz besonderer Rastplatz auf uns. Nach der Kuhweide geht es rund 200 Meter leicht bergab auf einem Landwirtschaftsweg. Nun

Diese Rundtour liegt im größten Naturschutzgebiet Vorarlbergs. Es umfasst 7676 Hektar Fläche und zieht sich vom Rheintal bis zu den Höhenzügen des First, des Freschen und der Löffelspitze. Es leben Steinadler, verschiedene Eulen und seltene Waldspechte im Naturschutzgebiet. Es ist ein sehr beliebter Naherholungsraum.

Achtung Mutterkühe! Kühe pflegen unsere Landschaft. Muttertiere schützen ihre Jungen und können sich insbesondere von Hunden bedroht fühlen. Halten Sie deshalb bitte Abstand zu den Kühen und nehmen Sie Ihre Hunde an die Leine.

Panoramatour 9

kommen zwei Wegweiser, die recht nah beisammen liegen. Für uns ist der zweite Wegweiser nach links wichtig: Richtung Kapf Aussicht.

Hier besteht noch einmal die Möglichkeit, die Tour zu verkürzen und direkt zum Spallenhof zu wandern.

Unser geplanter Wanderweg führt zuerst über Waldboden kurz bergab, dann über Stock und Stein bergauf. In diesem Bereich der Alpe befindet sich ein **3D-Bogenparcours** ❺. Also bitte nicht erschrecken, wenn plötzlich „Robin Hood" und seine Gefährten aus dem Wald auftauchen. Diese sind genauso oft hier anzutreffen wie andere Wanderer oder Kletterer, die an den Klettersteigen unter uns unterwegs sind.

Direkt vor uns taucht das Gipfelkreuz **Kapf Aus-**

Gipfelrast

Holzkunstwerk

Panoramatour 9

sicht ❻ auf. Ein perfekter Rastplatz, den wir sehr gerne nutzen, um uns zu stärken. Wir machen es uns auf der Bank so richtig gemütlich und lassen unsere Blicke schweifen. Dieses Panorama ist unvergleichlich.

Der Gipfel ist definitiv der Höhepunkt unserer Wanderung – hier würden wir gerne den ganzen Tag sitzen bleiben.

Unser Abstiegsweg geht zuerst in Richtung Millrütte über die Wiese. Anfänglich ist der Weg im Gras schlecht zu sehen. Doch bereits hinter dem nächsten kleinen Hügel ist die Spur schon wieder sehr deutlich. Die farbigen Markierungen in Rot und Weiß helfen ebenfalls, obwohl sie schon etwas verblasst sind.

Wir durchqueren ein kurzes Waldstück, der Weg führt in einem großen, weiten Rechtsbogen bergab. Abwechselnd über Wiesen und Weiden, durchsetzt

Rheintal & Bodensee

Über den „Schreckweg" auf den Kapf

mit kurzen, feuchten Abschnitten (Danke an die guten Wanderschuhe!), leitet uns am nächsten Abzweig der Wegweiser rechts nach Meschach. Vorbei an einer Jagdhütte und schon sehen wir die ersten Gebäude vom **Spallenhof** ❼. Der Spallenhof ist ein **Bio-Bauernhof** und **Restaurant** gleichzeitig. Wer mag, kann sich hier mit hausgemachten Jausen (= Vesperplatte), diversen Toasts oder Suppen stärken.

Wir folgen nun für 500 Meter der Asphaltstraße. Rechts von uns sehen wir ein Stück des Weges, welches wir bereits gewandert sind. Nach dem kleinen Parkplatz verlassen wir in der Linkskurve die Straße nach rechts Richtung Meschach/Götzis auf einem Wiesenweg. Dieser führt uns abwechslungsreich und teilweise recht steil abwärts. Nachdem wir verschiedene Hütten und Bauernhöfe passiert haben, gelangen wir wieder auf die Asphaltstraße nach Meschach, der wir 400 Meter folgen. Die **Kirche St. Ulrich** ❽ liegt sehr malerisch am Waldrand. Ein Ort, um absolut zur Ruhe zu kommen.

Das Kirchlein St. Ulrich in Meschach wurde 1463 erbaut, im Laufe der Jahre gründlich erweitert und renoviert. In der Weihnachtszeit kann die Meschacher Krippe aus dem Jahre 1624 bewundert werden.

Wir orientieren uns an den rot-weißen Wanderwegzeichen nach links und verlassen den Ort Meschach bergab. Über Wiesen gelangen wir wieder in den Wald. Der Wanderweg schlängelt sich in Serpentinen nach unten. Unsere Sinne sind hellwach, das Rauschen eines Baches oder Wasserfalles ist plötzlich zu hören. Unser Weg mündet in eine Brücke und nun sehen wir, dass der Bach direkt unter uns in die Tiefe stürzt. Faszinierend. Ein kleiner Bach, aber über die lange Zeit hat er sich sehr tief in den Felsen eingegraben.

Nach der Brücke geht es wenige Meter bergauf. Zuerst ein Wanderweg, der sich im Laufe des Abstieges zu einem Forstweg verbreitert. Teilweise ist es hier sehr steil und auf der fast 2 Kilometer langen Strecke zwischen der Brücke und dem Eingang zur Örflaschlucht werden einige Kreuzungen und Abzweige passiert. Die Orientierung wird durch Wegweiser mit der Aufschrift „Götzis/Örflaschlucht" und

Panoramatour 9

durch Farbmarkierungen an den Bäumen sichergestellt. Die weiß-rot-weiße Markierung wechselt dann wieder zu gelb-weiß. An der Wegkreuzung „Steig" wenden wir uns erneut nach rechts und biegen in die **Örflaschlucht** ❾ ein. Ein toller Ausklang für diesen Tag. Der Wanderweg führt uns entlang des Emmenbachs wieder zurück zum Ausgangspunkt.

Selten ist die Örflaschlucht wegen Wartungsarbeiten an Weg und Bäumen gesperrt. Sollte dies ausnahmsweise der Fall sein, bitte an der Wegkreuzung „Steig" links in Richtung St. Arbogast/Götzis weiterwandern. Bei den ersten Häusern von St. Arbogast rechts dem Gehweg parallel der Landstraße nach Götzis folgen. Zwischen St. Arbogast und Götzis liegt die kleine **Burgruine von Neu-Montfort** ❿.

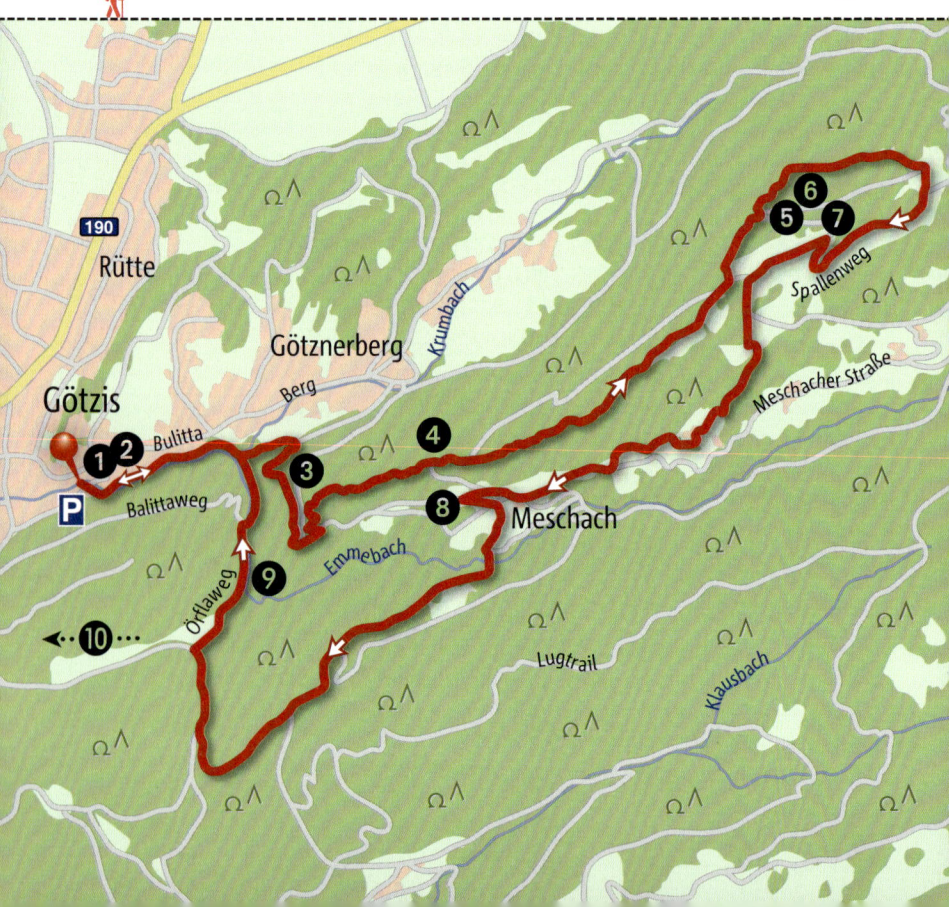

Alles auf einen Blick

WIE & WANN:
Wiesen und Landwirtschaftswege, Bergpfade, Forstwege und -straßen.
Beste Wanderzeit ist von Mai bis Oktober.

HIN & WEG:
Auto: Parkplatz am Schwimmbad in Götzis (GPS: N47.19.952 E9.39.105))

Entspannung ✸✸✸✸✸
Genuss ✸✸✸✸✸
Romantik ✸✸✸✸✸

ÖPNV: Von Götzis Bf. mit Bus 1 oder Meschabus bis Schwimmbad, alternativ zu Fuß über die St.-Ulrich-Straße, Marktstraße, Bulitta, gesamt 1,4 Kilometer zum Schwimmbad in der Riebe

ESSEN & ENTSPANNEN:
Kiosk mit Grillplatz am Freibad in der Riebe ❷ In der Riebe 7,
A-6840 Götzis, www.goetzis.at/schwimmbad (während der Badesaison)
Gasthof Spallenhof ❼ Spallenweg 7, A-6840 Götzis/Meschach,
Tel. (00 43) (0) 55 23 /5 17 34, www.spallenhof.at (Mi.–Sa. 13–23, So. 10–19 Uhr)

ERLEBEN & ENTDECKEN:
Freibad in der Riebe ❶ In der Riebe 7, A-6840 Götzis
Kunstwerk aus Holz ❸
Aussichtspunkte Schreckkopf ❹ und Kapf ❻
3D-Bogenparcours ❺
Kirche St. Ulrich ❽ Hauptstraße 15, A-6840 Götzis
Örflaschlucht ❾
Burgruine von Neu-Montfort ❿ frei zugänglich

- 12,4 Kilometer
- 200 Höhenmeter
- 4 Stunden
- Rundweg

Die „Gailinger Ritterhalde"

Panoramatour 10

Unsere heutige Rundtour startet am kostenfreien Parkdeck in Gailingen am Hochrhein in der Rheinstraße 3. **Gailingen** am Hochrhein ist seit 1977 staatlich anerkannter Erholungsort und kann auf eine lange Geschichte zurückblicken.

Wir gehen wenige Schritte bergauf zur **Ramsener-**

Sonnige Weinberge
Entlang des Hochrheins

straße und schauen schon mal auf die Speisekarte des **Restaurants Zum Eichelklauber** ❶, das genau zwischen dem Parkdeck und der Ramsenerstraße liegt. Wir überqueren die Ramsenerstraße und folgen geradeaus der **Bergstraße** leicht bergauf. Die schöne **Kirche St. Dionysius** ❷ thront leicht erhöht über uns. Wir halten kurz an dem Treppenaufgang der Kirche an. In einer kleinen, mit Efeu bewachsenen Grotte steht eine sehr schöne Figur von Maria. Weiter geht es durch das Wohngebiet. An der nächsten Kreuzung biegen wir in die **Alte Poststraße** nach rechts, um dann 180 Meter später geradeaus der **Bürglestraße** zu folgen. Rechts oberhalb liegt der **jüdische Friedhof** ❸.

Gailingen war viele Jahrhunderte als zentraler Kirchenort bekannt. Später lebten Juden und Christen in blühender Gemeinschaft zusammen. Von 1870 bis 1884 wurden die Geschicke der Gemeinde von einem jüdischen Bürgermeister geleitet. Heute ist die Gemeinde bekannt durch zwei moderne Kliniken und den Tourismus.

Der Wegweiser „Aussichtspunkt" leitet uns geradeaus dem Ort Gailingen hinaus an den Waldrand. Nun werden die kleinen, roten Wegweiser „Panoramaweg" für uns wichtig. Die gelben Ecken der Markierung leiten uns rechts in den Wald hinein in Richtung Aussichtsturm. Die ersten Hundert Meter können wir nebeneinander wandern. Nun geht es links und der gute Waldweg führt uns, nun hintereinander wandernd, in Serpentinen bergauf. Über uns

Panoramatour 10

> Im 17./18. Jahrhundert entwickelte sich die jüdische Siedlung relativ ungestört. Mitte des 19. Jahrhunderts lag der jüdische Bevölkerungsanteil bei rund 50 Prozent. Ende des 19. Jahrhunderts begann die Abwanderung.

wird das nächste Zwischenziel sichtbar. Der **Aussichtsturm Bürgli Schloss** ❹ wird zuerst fast umrundet, bevor wir auf das 6,50 Meter hoch gelegene Aussichtspodest steigen können. Der Turm hat eine Gesamthöhe von 8,50 Metern. Bei klarem Himmel reicht die Sicht im Osten zu den Glarner Alpen, im Süden zu den bekannten Berner Alpen mit Mönch, Eiger und Jungfrau.

Gerne nutzen wir diesen tollen Platz, um uns zu stärken, bevor wir weiterwandern. Ein kurzes Stück laufen wir auf dem uns bekannten Weg zurück zum Wanderweg, um dann rechts weiterzugehen. Der **Waldweg** nimmt uns die folgenden 300 Meter in einem großen Rechtsbogen mit. Danach leiten uns die gelben Wegzeichen und Pfeile um das Gelände der Kliniken Schmieder auf Waldwegen rund 600 Meter immer am Waldrand entlang wieder in den Wald hinein, bis wir unvermittelt auf einen großen Wanderparkplatz treffen. Diesen überqueren wir, ebenso die Kreuzung der Forststraßen am Ende des Parkplatzes. Der für den Verkehr gesperrte **Buchhaldenweg** verläuft die nächsten 2,5 Kilometer nahezu ohne Steigung oder Gefälle. Auch hier ist die Orientierung sehr einfach. Entweder folgen wir den uns bekannten

Durch die Weinberge

Entlang des Hochrheins

gelben Wanderzeichen oder der Beschilderung „Buchhaldenweg".

Dieser einfache Weg gibt uns zusätzlich auch die Möglichkeit, unseren Gedanken freien Lauf zu lassen. Frei von Sorgen genießen wir die Ruhe, jedoch ohne den nächsten Aussichtspunkt zu verpassen: den **Hegaublick Bucher Säntis** ❺. Die Abzweigung vom brei-

Für die Seele

Die Ruhe des Waldes überträgt sich ganz auf uns und schärft gleichzeitig unsere Sinne.

ten Weg ist gut beschildert und führt uns rund 80 Meter leicht bergab über einige Holzstufen in die benachbarte Schweiz. Das Mitführen unserer Papiere ist für uns selbstverständlich. Dieser Aussichtspunkt empfängt uns mit einem gepflegten Rastplatz und Grillmöglichkeit. Die Bäume rahmen den Blick auf die Hegaulandschaft ein. Während wir uns stärken, erkennen wir den Hohentwiel mit der Burgruine in der Mitte des Panoramas.

Nach dieser schönen Rast gehen wir frisch gestärkt zuerst wieder zurück auf den **Buchhaldenweg.** Bei der Überquerung der Grenze Schweiz–Deutschland lächeln wir natürlich etwas. Froh gelaunt setzen wir unsere Wanderung fort. Unser Forstweg nimmt uns 600 Meter in einem lang gezogenen Rechtsbogen mit und führt leicht bergauf. An der nächsten Abzweigung links dem Panoramaweg folgen. Die anderen Wegweiser ignorieren wir. Wir freuen uns schon auf den nächsten Aussichtspunkt. Das Dach des Unterstandes ist bereits wenige Meter nach der Abzweigung vor uns zu sehen. Der **Aussichtspunkt Ramsenerblick** ❻ liegt direkt vor uns. Wir erfrischen uns mit einem

Panoramatour 10

> Im Jahr 800 erlaubte Karl der Große den Weinbauern, einen Teil ihres Weines in ihrem Haus auszuschenken. Eine Besenwirtschaft darf höchstens vier Monate pro Jahr geöffnet sein. Bei geöffneter Besenwirtschaft ist es seither Brauch, einen Besen vor die Türe zu hängen.

Trunk aus unserem Rucksack. Das Dorf direkt unter uns ist **Ramsen.** Bei dem klaren Himmel heute können wir in einiger Entfernung ohne Probleme den Bodensee und das Münster der Stadt Radolfzell erkennen; rechts angrenzend die Halbinsel Mettnau.

Beeindruckt von dem Panorama wandern wir weiter auf unserem Forstweg. Dieser führt uns nun 750 Meter bergab an den Waldrand. Die Abzweigung nach rechts mit dem lustigen Namen Faulenhauweg ignorieren wir. Am Waldrand biegen wir rechts ab und gehen ein kurzes Stück auf dem Feldweg parallel der Asphaltstraße in Richtung Gailingen. Kurz bevor wir wieder in den Wald eintauchen, erkennen wir auf der anderen Straßenseite den **Winkelhof** ❼ der Familie Zolg. Ein Besuch im Hofladen und/oder der Besenwirtschaft ist sehr zu empfehlen. Der prämierte Wein und die Edelbrände stammen aus eigener Erzeugung, genauso wie die Speisen, die serviert werden. Außerdem gibt es im Hofladen zusätzlich noch Marmelade, Apfelsaft, Schinken und Dauerwurst zu kaufen. Die Öffnungszeiten der Besenwirtschaft sind saisonal verschieden. Bitte auf der Internetseite nachschauen.

Besenwirtschaft Zolg

Unser Weg führt uns kurz durch den Wald und bringt uns bei dem Zoll Ost zurück zur Landstraße, die wir hier überqueren. Der ausgekieste Feldweg wird auch von Mountainbikern genutzt. Die Schaffhauserland Bike Route mit der Nummer 50 läuft ein Stück parallel zu unserer Wanderstrecke. An der folgenden Abzweigung links, wenige Meter später rechts an der ersten Möglichkeit und schon wandern wir wieder auf einem **Feldweg** auf eine Gartensiedlung zu. Vor dem ersten Gartenhäuschen biegen wir rechts ab. Im Vorgarten stehen zwei weiße Schwäne. Das Besondere an den Schwänen ist, dass sie aus alten Au-

Abendstimmung an der Brücke

Panoramatour 10

toreifen gemacht sind. Weiter geht es zuerst vorbei an Obstbäumen, gleich darauf über Wiesengelände, bis wir 500 Meter später auf einen Feldweg treffen. Auf diesem laufen wir links, um gleich darauf rechts der Asphaltstraße in Richtung Gailingen zu folgen. Die wenig befahrene Straße geht leicht bergauf. Der gelbe Wegweiser mit einem Wanderer schickt uns nach links auf einen grasigen Feldweg. Die Gebäude, die jetzt vor uns zu sehen sind, gehören zum Jugendwerk. Eine der zwei großen Kliniken im Ort. Unser gelb markierter Wanderweg führt uns rechts über Wiesen zurück an den Ortsrand von Gailingen.

Abwechselnd links – rechts – links, immer den gelben Wanderwegweisern folgend, sind wir schon wieder in der freien Natur unterwegs. Vor uns taucht eine schöne Bank auf. Diesen Ort nutzen wir gerne noch einmal, um kurz zu rasten. Hinter uns liegt das Dorf, direkt vor uns sind Weinberge und unter uns liegt der Rhein. Auf dieser Seite des Rheines befindet sich der Rheinuferpark mit Kiosk/SB-Restaurant (Ostern bis Herbst geöffnet), gepflegter Liegewiese und der Möglichkeit, im Rhein zu baden. Auf der gegenüberliegenden Seite ist schon die benachbarte Schweiz. Die Dörfer **Gailingen (D)** und **Diessenhofen (CH)** sind über eine sehr alte Holzbrücke miteinander verbunden. Diese ist völlig überdacht und die Seitenwände sind ebenfalls mit Holz verkleidet. Große Öffnungen lassen Licht in das Innere der Brücke. Das werden wir uns nachher noch anschauen. Das bedeutet für uns, nach links weiterzugehen. Der grasige, breite Weg nimmt uns am Rande der Weinreben mit. Das kurze Stück bergab ist mit Pflastersteinen befestigt.

Unterhalb der Weinberge folgen wir dem Feldweg rechts und gelangen so direkt an das **Rheinufer.** Hier sind weitere Sitzgelegenheiten, die zu einer Rast einladen. Wir nutzen die Möglichkeit, uns im **Kiosk-Restaurant Wiffe 74** ❽ im **Rheinuferpark** ❾ ein Eis zu kaufen. Dieser kleine Umweg ist für diese süße Nascherei ein Muss! Während wir unser Eis genießen, bewundern

Die Südhänge, der eiszeitliche Moränenboden und das milde Klima sind die Grundlage für die bekannte „Gailinger Ritterhalde". Die Rebsorten Müller-Thurgau, weißer und grauer Burgunder, Spätburgunder, Cabernet Mitos, Chardonnay und Auxerrois werden hier angebaut.

Entlang des Hochrheins

Wiffe 74

wir das bunte Treiben auf dem Wasser. Ruderboote wechseln sich ab mit kleineren, motorisierten Booten. In der Mitte des Flusses fahren regelmäßig auch Kursschiffe. Direkt am Rheinufer sind planschende Kinder mit ihren Eltern zu sehen. Richtig schön!

Frisch gestärkt laufen wir jetzt auf dem **Strandweg,** um die alte Holzbrücke anzuschauen. Dort angekommen, sind wir überrascht, dass sogar eine asphaltierte Straße über die Brücke führt. Wir gehen einige Schritte auf die Brücke und genießen die neue Perspektive auf den Rhein und das Rheinufer. Mit etwas Glück können wir beobachten, wie eines der Kursschiffe unter uns hindurchfährt. Wir verlassen die Brücke wieder und biegen halbrechts in den **Schneckenbergweg** ein. Diese Anliegerstraße geht nach wenigen Metern in

Panoramatour 10

einen Fußweg über, der bergauf führt. Nach einem kurzen, etwas steilen Stück schauen wir noch einmal zurück auf den Rhein. Selbst diese wenigen Höhenmeter Unterschied geben der Landschaft ein völlig neues Gesicht. Geradeaus weiter auf Asphalt in Richtung Gailingen geht es zu unserem Ausgangspunkt zurück. Das Schild **Auestraße** steht erst bei den Häusern in einiger Entfernung. Dieser folgen wir, überqueren die **Schulstraße,** um dann links in die **Gartenstraße** einzubiegen. Diese bringt uns zurück zum Parkdeck. Doch bevor wir die Heimreise antreten, stellt sich uns die Frage, ob wir im **Restaurant Zum Eichelklauber** ❶ die Lava-Grillspezialitäten oder eines der leckeren Fischgerichte genießen sollen.

Alles auf einen Blick

WIE & WANN:
Wald- und Wiesenwege, asphaltierte Straßen. Beste Wanderzeit ist von März bis Oktober.

HIN & WEG:
Auto: Kostenfreier Parkplatz, Parkdeck Rheinstraße 3, 78262 Gailingen am Hochrhein (GPS: 4.7698845; 8.7785801)

Entspannung ✸✸✸✸✸
Genuss ✸✸✸✸✸
Romantik ✸✸✸✸✸

ÖPNV: Mit dem Südbadenbus SBG 7351 ab Singen Bf. bzw. Gottmadingen Bf. über Randegg nach Gailingen bis Ramsenerstraße

ESSEN & ENTSPANNEN:
Restaurant Zum Eichelklauber ❶ Rheinstraße 1,
 78262 Gailingen am Hochrhein, Tel. (0 77 34) 65 50
Besenwirtschaft und Hofladen Winkelhof ❼ 78262 Gailingen am Hochrhein,
Tel. (0 77 34) 65 98, www.zolg.de (saisonal verschiedene Öffnungszeiten)
Kiosk-Restaurant Wiffe 74 im Rheinuferpark ❽ Strandweg 8, 78262 Gailingen am Hochrhein,
Tel. (0 77 34) 64 23 (15. März–15. Okt. Mo.–Fr. ab 10, Sa.–So. ab 9 Uhr bei entsprechender Witterung)

ERLEBEN & ENTDECKEN:
Kirche St. Dionysius ❷
Jüdischer Friedhof ❸ Ramsenerstraße 12, 78262 Gailingen am Hochrhein,
www.jm-gailingen.de
Aussichtsturm Bürgli Schloss ❹
Hegaublick Bucher Säntis ❺
Aussichtspunkt Ramsenerblick ❻
Rheinuferpark ❾

Die Karlsbastion

- 7,6 Kilometer
- 290 Höhenmeter
- 2,75 Stunden
- Rundweg

Panoramatour 11

Wir verlassen den Parkplatz gegenüber dem **Krankenhaus von Singen** in östlicher Richtung stadteinwärts. Nach wenigen Schritten auf dem Gehweg der **Schaffhauserstraße** sehen wir auf dem Verkehrsschild das Zeichen Ruine Hohentwiel. Vor dem Hotel Widerhold biegen wir dann links in die **Hohentwielstraße** ein

Reben & Ruinen
Rund um den Hohentwiel

und folgen dieser für 300 Meter. Der erste Abschnitt ist der asphaltierte **Wiederholdweg/Ludwig-Finckh-Weg,** der uns schon bald ein wenig von der Straße wegführt. Wir wandern entlang des Waldrandes sanft bergauf und genießen bereits jetzt die ersten Panoramablicke über die Arbeiterstadt Singen und den Hegau.

Geradeaus vorbei am nächsten Wegweiser wird der asphaltierte Weg etwas steiler und zieht in größeren Bögen aufwärts. Nachdem wir die Fahrstraße überquert haben, wenden wir uns an der nächsten Abzweigung nach links in Richtung Olgaberg. Der schöne Kiesweg führt uns ohne Steigung mitten in einen **Bannwald** ❶, also in einen ganz natürlichen Wald.

Dieser Wald soll sich zum „Urwald von morgen" entwickeln, etwas verwunschen und fast schon mystisch ist die Stimmung hier.

Dieser 600 Meter lange Abschnitt verzaubert uns mit alten Bäumen, die teilweise stark mit Moos bewachsen sind. Die Abzweigung nach rechts in den Ten Brink Weg ignorieren wir, denn er ist sehr steil, meistens rutschig und vom 1. November bis zum 30. April jedes Jahr gesperrt. Unser schöner, jetzt etwas

Der Hohentwiel war früher ein „nackter Berg". Zum Schutz vor Steinschlag und zur Verschönerung wurden um 1890 über 12.000 Büsche und Bäume gepflanzt. Die einheimischen Bäume setzten sich durch. Der Wald am Hohentwiel wurde 1923 zum Bannwald erklärt und dient als wissenschaftliche Beobachtungsfläche für die Urwaldforschung.

Panoramatour 11

Im Bannwald

Die Ruine Hohentwiel ist eine der größten und ältesten Festungsruinen in Deutschland. Lange galt sie als unbezwingbar und überstand selbst die Belagerungen des Dreißigjährigen Krieges ohne Schäden. Im Zuge von Napoleons Eroberungskriegen wurde 1801 die Burg unbeschädigt an die Franzosen übergeben. Nach über 900 Jahren wurde die Burg zerstört.

schmalerer Wanderweg führt uns wieder hinaus aus dem Wald und öffnet das nächste Panoramafenster. Links unter uns liegen die Weinberge des Olgaberges und darunter das Krankenhaus, von wo wir gestartet sind. In einem weiten Rechtsbogen verbreitert sich unser Weg wieder, da hier im Spätsommer Traktoren zur Weinlese unterwegs sind. Rechts oberhalb liegen saftig grüne Wiesen, auf denen wir Ziegen hören und sehen.

An der nächsten Abzweigung wenden wir uns nach rechts zur **Karlsbastion.** Diese ist ein Teil der großen Burgruine und nur 500 Meter von uns entfernt. Der Waldweg schlängelt sich kurz bergauf, an den steilen Stellen geben uns Holztritte sicheren Halt. Wieder im Wiesengelände unterwegs, sehen wir zum ersten Mal zu unserer Linken die Ruine Hohentwiel etwas näher.

Vor uns erblicken wir zwei große Holzliegen und eine Bank. Diesen **Aussichtspunkt** ❷ nutzen wir gerne, um richtig zu rasten und uns zu stärken. Obwohl wir nur wenige Höhenmeter gewandert sind, hat sich das Panorama verändert. Wir sehen zum ersten Mal den

Rund um den Hohentwiel

Bodensee in einiger Entfernung. Nach dieser kleinen Verschnaufpause biegen wir wenige Schritte hinter unserem Rastplatz ab und gelangen durch einen offenen Durchgang in der Mauer über Treppenstufen in die **Karlsbastion** ❸. Sie ist der Teil der Ruine, der ohne Eintrittskarte begehbar ist. Sie gehört zur unteren Festung und ist sehr weitläufig angelegt.

Für die Seele

Plötzlich fühlen wir uns viel jünger und würden am liebsten wie spielende Kinder durch die Festungsruine toben.

Die Baukunst des 16. Jahrhunderts ist überaus beeindruckend. Diese hohen Mauern mit den großen Fensteröffnungen, die schmalen Gänge – die Dimensionen dieser Festungsruine sind gewaltig. Wer mag, kann an einer Führung teilnehmen, um mehr über die Geschichte der Burg zu erfahren. Und auch die Panoramaaussicht auf den Bodensee, den umliegenden Hegau und die nahe Schweiz ist unvergleichlich.

So verlassen wir die Karlsbastion über die Tunnel, den eigentlichen Hauptzugang. Der grobe Steinbelag ist oft feucht und rutschig und erfordert etwas Vorsicht. Die Beleuchtung in den Tunneln ist aber angenehm und hilfreich.

Bergab geht es nun 200 Meter auf Asphalt, um dann an der Abzweigung Unterm Alexandertor 90 Grad rechts auf den etwas steileren Waldweg zur Domäne Hohentwiel hinabzuwandern. Hier wurde früher die Versorgung der Burg sichergestellt. Die überbaute Fläche beträgt 9 Hektar.

Im „Kern" der Domäne ist in einer alten umgebauten Scheune das **Festungsruine Hohentwiel Infozentrum** ❹. Nur hier sind die Eintrittskarten zur Fes-

Führungen durch die Burg finden regelmäßig an Sonntagen und Feiertagen um 11 und 14 Uhr statt. Hier erfährt man unter anderem, wie die Festung zum Sitz der schwäbischen Herzöge und zur württembergischen Landesfestung wurde.

Panoramatour 11

Die Weinberge am Hohentwiel liegen auf 550 Metern Meereshöhe und zählen zu den höchstgelegenen Rebflächen Deutschlands. Die Rebsorten Weißburgunder, Spätburgunder, Traminer und Riesling sind hier zuhause. Die Rebparzellen werden von Natursteinmauern gestützt. Diese sind ohne Mörtel trocken aufgeschichtet.

tungsruine erhältlich. Ebenso findet man hier eine sehr schöne Ausstellung zur Geschichte des Hohentwiels und ein rekonstruiertes Modell der Festungsanlage – ein Besuch ist also wirklich zu empfehlen.

Begeistert von der alten Festung besuchen wir den schönen, schattigen Biergarten des **Restaurant Hohentwiel** ❺, welches wenige Meter rechts vom Infozentrum liegt. Hier genießen wir die regionale Küche.

Gut gestärkt setzen wir unsere Wanderung fort und überqueren den Parkplatz unterhalb des Infozentrums. An dessen Ende biegen wir nach rechts auf eine für den Verkehr gesperrte Kiesstraße ein. Hier beginnt auch der Vulkanpfad durch das Naturschutzgebiet Hohentwiel.

Die Kiesstraße verläuft leicht bergauf und führt uns in einem sehr großen Bogen wieder in Richtung Karlsbastion.

Der Blick auf die Hegauer Vulkanlandschaft mit weiteren Burgruinen hat uns vorher schon beeindruckt, trotzdem können wir uns nicht sattsehen. Wenn wir nun noch Glück mit dem Wetter haben und uns ein strahlend blauer Himmel begleitet, geht es uns richtig gut.

Flotten Schrittes schreiten wir bergan und treffen auf die Kreuzung, an der wir vorhin zum Infozentrum abgebogen sind. Wir folgen dem uns bekannten Weg geradeaus für 60 Meter, um dann rechts auf dem „Hohentwieler" in den Wald einzubiegen. Wir sind nur wenige Meter im Wald unterwegs. Denn der Waldweg geht schnell in einen Wiesenpfad über und leitet uns in einem langen Linksbogen unterhalb der Karlsbastion zu dem **Aussichtspunkt** ❷ mit den zwei schönen Holzliegen. Die Burgruine wurde in den letzten Jahren gründlich saniert und die Mauern von Pflanzenbewuchs gereinigt. Das ist von unserem Standort aus jetzt besonders gut sichtbar. Wir nutzen noch einmal die Möglichkeit zum Rasten

Blick in den Hegau

und freuen uns über den Panoramagenuss mit Blick auf den Bodensee, bevor wir nach rechts über den uns vom Aufstieg bekannten Weg über Wiese mit Holzstufen und Waldwege absteigen. An der ersten Abzweigung laufen wir noch 80 Meter nach links. Die Weinberge rechts unter uns flankieren diesen Teil des Weges.

Die Wiese wechselt wieder zu Pflaster und an der ersten Abzweigung verlassen wir den uns bekannten Weg nach rechts und laufen auf dem gepflasterten Weg für 300 Meter abwärts. Zum letzten Mal lassen wir unsere Blicke über die Stadt und die Landschaft schweifen. Am Ende des gepflasterten Weges müssen wir aufpassen, den schmalen Waldweg nach rechts

Panoramatour 11

nicht zu verpassen. Dieser bringt uns wenige Meter durch eine Baumreihe hindurch und wir gelangen plötzlich auf die asphaltierte Straße **Am Olgaberg.** Diese führt uns abwärts über die **Virchowstraße,** vorbei am Pflegezentrum Hegau zurück zur **Schaffhauserstraße.** Dieser folgen wir nach links, nutzen die Querungshilfe der Straße und sind wieder am Ausgangspunkt.

Unser Blick schweift noch einmal zurück zur Burgruine über uns. Spontan entscheiden wir uns doch noch für eine Besichtigung der Ruine. Wir fahren mit dem Auto hoch zum Infozentrum der Festungsruine, kaufen dort die Eintrittskarte und wandern auf bekanntem Weg zur Burgruine. Für die Besichtigung sind selbst ohne Führung 2,5 bis 3 Stunden Zeit einzuplanen – aber es lohnt sich.

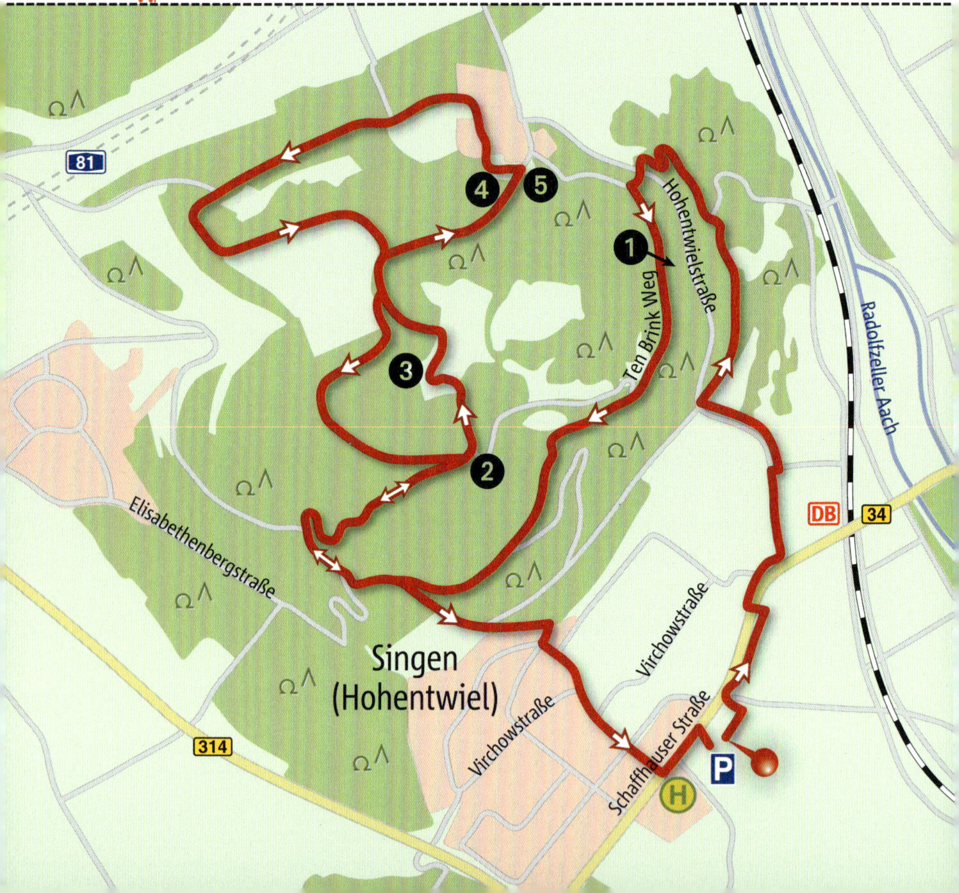

Alles auf einen Blick

WIE & WANN:
Wald- und Wiesenwege, Pfade, asphaltierte Wege und Straßen.
Beste Wanderzeit ist von April bis Oktober.

HIN & WEG:
Auto: Parkplatz gegenüber dem Krankenhaus in Singen am Hohentwiel in der Schaffhauserstraße (GPS: N47.45.548 E8.49.476)

Entspannung ✶✶✶✶✶
Genuss ✶✶✶✶✶
Romantik ✶✶✶✶✶

ÖPNV: Von Singen Bf. mit den Buslinien 7351/7352/7353 bis Landesgartenschau Bf. (direkt unterhalb des Hohentwiels), der „Seehaas" fährt im 30-Minuten-Takt. Von Landesgartenschau Bf. rund 150 Meter der Schaffhauserstraße Richtung Krankenhaus folgen, am Hotel Widerhold rechts in die Hohentwielstraße.

ESSEN & ENTSPANNEN:
Hotel-Restaurant Hohentwiel ❺ Hohentwiel 1, 78224 Singen a. H., Tel. (0 77 31) 9 90 70, www.hotel-hohentwiel.com (Mo.–Fr. ab 11, am Wochenende ab 10.30 Uhr)

ENTDECKEN & ERLEBEN:
Bannwald ❶
Aussichtspunkt mit Holzliegen ❷
Karlsbastion ❸
Festungsruine Hohentwiel Infozentrum ❹ (Öffnungszeiten: www.festungsruine-hohentwiel.de, witterungsbedingt – insbesondere bei anhaltendem Schneefall, Eisglätte oder Sturm – sind kurzfristige Schließungen der Festungsruine möglich)

Kräutergarten am ehemaligen Kloster

- 17,2 Kilometer
- 180 Höhenmeter
- 5 Stunden
- Rundweg

Verwöhntour 12

Am Parkplatz direkt zu Beginn der **Alleestraße** starten wir unsere Umrundung einer der drei Halbinseln im Bodensee, der Reichenau, vor allem bekannt für den traditionellen Salat- und Gemüseanbau. Am Anfang des Parkplatzes überqueren wir den dortigen Verkehrskreisel und wandern nun die **Alleestraße** hinab, die die direkte Landverbindung zwischen der Halbinsel und dem Festland darstellt. Auf unserer rechten Seite erstreckt sich das Naturschutzgebiet Wollmatinger Ried, das gleich zu Beginn mit seinen Schilf-Urwäldern beeindruckt.

Ab und zu lässt entlang unseres Weges der dichte Schilfgürtel den Blick frei in Richtung Hegauvulkane und, wenn man sich etwas Zeit zum Beobachten

Lokale Köstlichkeiten
Umrundung der Gemüsehalbinsel

nimmt, auf einige seiner Bewohner, wie beispielsweise Blesshuhn und Haubentaucher, die hier auch gerne ihre Brut aufziehen. Oder auch Meisen und andere Vogelarten, die einen der vielen Nistkästen an den Alleebäumen – Pappeln – zum Brüten nutzen.

Nach rund 2 Kilometern entlang des Reichenauer Damms erblicken wir auf der linken Seite **Schopflen** ❶, die Ruine einer Wasserburg, die den Inselzugang zur Reichenau im 13. Jahrhundert schützte. Wir überqueren hier die Straße, denn heute dient die Burgruine als Aussichtspunkt auf das Wollmatinger Ried und als idealer Platz zum Beobachten der verschiedenen Wasservögel. Hierfür nehmen auch wir uns bei unserer heutigen Wanderung etwas Zeit.

Undurchdringliche Schilfgürtel bilden die natürliche Ufervegetation des Bodensees. In flachen Buchten mit nährstoffreichen, feinen Sedimenten wie hier am Reichenauer Damm sind sie besonders breit ausgebildet. Dieser ist die Heimat einer sehr großen Tiervielfalt.

Verwöhntour 12

Nun geht es weiter, wir überqueren die Straße erneut und setzen unseren Weg fort, vor uns erkennen wir bereits den gelben Kirchturm der Kirche St. Georg. Am eigentlichen Inseleingang, rund 500 Meter später, begrüßt uns die Statue von **St. Pirmin** ❷, Begründer des Klosters Reichenau. Direkt hinter der Statue befindet sich auch die Seeverbindung zwischen Gnadensee zu unserer Rechten und dem Untersee zu unserer Linken. Nach rund 200 Metern biegen wir nach rechts ab, zunächst noch kurz über Asphalt, dann auf einem Kiesweg in Richtung Yachthafen, gehen wir direkt am Seeufer entlang. Nach etwa 500 Metern liegt die **Kirche St. Georg** ❸ direkt vor uns, etwas bergan, auf unserer linken Seite. Wir freuen uns jedoch erst einmal über den tollen Ausblick auf den See. Wir laufen auf dem Steg auf unserer rechten Seite bis nach vorne und genießen das Panorama. Weiter geht es in Richtung Yachthafen, der Seestraße folgend erreichen wir bald die **Fischküche Bei Riebels** ❹, unsere erste Station.

Sankt Pirmin

Hier lassen wir uns ein paar lokale Leckerbissen aus dem See schmecken, z. B. Felchen. Wir nehmen auf einer der Holzbänke Platz, genießen den Blick über den See und stärken uns für den nächsten Wegabschnitt.

Wir wandern weiter auf der **Seestraße,** nun vorbei an den ersten, für das Bild auf der Reichenau typi-

Umrundung der Gemüsehalbinsel

schen Gewächshäusern. Manchmal gelingt auch ein Blick ins Innere und man entdeckt akkurat gepflanzten Kopfsalat. Zudem sehen wir immer wieder entlang unseres Weges kleine Stände, an denen wir uns direkt mit frischem Gemüse und Salat eindecken können. Nun folgen wir der **Hermannus-Contractus-Straße** und sind nach 300 Metern am **Kräutergarten des ehemaligen Klosters 5** angelangt, den wir kurz besuchen. Von hier aus bewundern wir die beeindruckende Anlage des Münsters, bevor wir dann am **Yachthafen 6** eintreffen. Heute sind recht wenige Boote im Hafen, die meisten tummeln sich wohl auf dem See. Daher geht es auch für uns weiter, nun wieder auf einem Kies- und Wiesenweg direkt am Bodenseeufer, der uns direkt bis zum **Restaurant Pier 5 7** bringt. Unterwegs ha-

🌸 Für die Seele

Unsere Geschmacksknospen erfreuen sich an frischgeräuchertem Fisch und lokal gezogenem, frisch geerntetem Gemüse.

ben wir ausreichend Möglichkeit, immer wieder unseren Blick über den See schweifen zu lassen und auch die Fischerboote an den Stegen zu sichten.

Wir kehren im Pier 5 ein und genießen eine Tasse frischen Kaffee, bevor wir unseren Rundweg um die Reichenau fortsetzen. Direkt hinter dem Pier 5 befindet sich auch ein bekanntes Motiv des Bodensees, das den Maler Georg Röder 1948 inspiriert hat und das er als Aquarell festgehalten hat. Wir wandern weiter auf dem gekiesten Uferweg in Richtung Peter und Paul. Auch wenn wir fast noch 1 Kilometer entlang des Ufers gehen werden, erkennen wir bereits die beiden Kirchtürme. Wir müssen hier unsere Augen offen halten, denn unser Weg wird immer

Verwöhntour 12

schmaler und gleicht am Ende eher einem Trampelpfad über Wiesengelände, führt aber immer am Ufer entlang. Von hier haben wir eine tolle Aussicht auf die Hegauvulkane und die Mettnauspitze, die wir bereits in einer anderen Tour besucht haben. In Niederzell angekommen, laufen wir hinter der **Kirche Peter und Paul** ❽ nach links, dann geht es nach rechts über einen Parkplatz und auf Pflastersteinen um die Gewächshäuser herum, dem Uferweg folgend, auf sehr schmalen Wegen in Richtung Insel-Camping. Da es heute sehr windig ist, können wir auf unserem Weiterweg – rund 1 Kilometer – bis zum Insel-Camping sogar Wind- und Kite-Surfer beobachten, die sich auf dem See tummeln und den Wind und die Wellen ausnutzen.

Beim **Insel-Camping** ❾ angekommen, beobachten wir die Kite-Surfer, die gerade aus dem Wasser steigen. Wir haben aber noch etwas Wegstrecke vor uns und wandern nun weiter, mal direkt am Ufer, mal etwas in zweiter Reihe in Richtung Schiffsanlegestelle. Zwischen Gärten, Häusern und Gewächshäusern hindurch geht es für uns die 1,5 Kilometer bis zum **Schiffsanleger** ❿, immer dem Uferweg folgend, der hier auf dem Boden mit einem Wanderer markiert ist. Dort nutzen wir eine der vielen Bänke, um uns die Sonnenstrahlen ins Gesicht scheinen zu lassen und unsere Füße noch einmal kurz auszuruhen.

Für uns geht es nach der kurzen Ruhepause weiter in Richtung Hochwart – dem höchsten Punkt der Reichenau – mit 440 Metern über Meereshöhe. Hinter dem Schiffsanleger biegen wir nach rechts in die **Thurgauer Straße** und gehen vorbei an einem kleinen Park auf unserer rechten Seite. Wir halten uns links und laufen in der **Schloßstraße** bergan, vorbei am **Schloss Königsegg.** Hinter dem Schloss geht es für uns nach rechts, in die **Untere Rheinstraße,** die nach etwa 50 Metern in den Spiegelberg mündet. Für uns geht es entlang des **Spiegelbergs** bis zur **Hochwartstraße,** in die wir rechts abbiegen. Nun laufen wir zwischen Wein-

Umrundung der Gemüsehalbinsel

Werkgalerie Hochwart

reben hindurch direkt zur **Werkgalerie Hochwart** ⓫, von der man eine tolle Aussicht hat.

Von hier genießen wir erst einmal die Aussicht über die Insel selbst und erkennen auch einige Stationen unserer heutigen Tour, wie beispielsweise die Kirchen. Zudem reicht unser Blick vom Konstanzer Münster im Osten, über das Schweizer Seeufer im Süden, im Westen sind die typischen Hegauvulkane und die Halbinsel Höri.

Hier stärken wir uns mit Kaffee und selbst gebackenem Kuchen für den Rückweg. Dann geht es, zwischen den Weinreben hindurch und an einer Marienstatue vorbei, in Richtung Oberzell. Wir folgen zunächst der asphaltierten Straße, gehen jedoch geradeaus auf dem Schotterweg zwischen den Reben hindurch, etwas bergan. Vorbei an einem Rastplatz, an dem St. Georg schon wieder in den Blick rückt. Hinter dem Rastplatz gehen wir rechts kurz bergab im

Verwöhntour 12

> Der Hochwart wurde 1839 als zweigeschossiges Gebäude erbaut, das als Teehäuschen und Belvedere diente. Nach einiger Zeit ohne Nutzung ist der Hochwart nun ein Atelier und eine Kunstwerkstatt. Bewirtung an einigen Wochentagen vorhanden.

Berggässle (50 m) und dann entlang der **Straße Im Spitz**, vorbei an der Töpferei Kunst & Genuss zur **Bäckerei/Konditorei Laib & Seele** ⑫. Hier können wir, wenn wir noch einmal möchten, eine kurze Pause einlegen.

Dann überqueren wir die Straße, laufen bergan in der **Seestraße** – auf unserer rechten Seite ist jetzt St. Georg, dahinter geht es rund 70 Meter bergab, bevor wir wieder nach links in den uns bereits bekannten Uferweg einbiegen. Von hier folgen wir wieder dem Ufer rund 300 Meter bis zum Ortsausgang der Reichenau. Am Ende des Uferwegs halten wir uns links und gelangen so erneut auf den **Reichenauer Damm**. Hier laufen wir für 2,2 Kilometer auf der Allee, immer entlang des Wollmatinger Rieds, bis zu unserem Ausgangspunkt und Parkplatz.

Alles auf einen Blick

WIE & WANN:
Feld- und Wiesenwege, asphaltierte Straßen. Beste Wanderzeit ist von April bis Oktober.

HIN & WEG:
Auto: Parkplatz vor Beginn der Alleestraße (GPS: 47,687976N 9,1202440)
ÖPNV: Mit dem Zug von Konstanz Bf. oder Radolfzell Bf. bis ZfP (Zentrum für Psychiatrie) Reichenau

ESSEN & ENTSPANNEN:
Fischküche Bei Riebels ❹ Seestraße 13, 78479 Reichenau, Tel. (0 75 34) 76 63
(ab Ostern tägl. 11.30–20 Uhr)
Restaurant Pier 5 ❼ Strandbadstraße 5, 78479 Reichenau, Tel. (0 75 34) 2 71 00 65
(Mitte März–Mitte Okt. tägl. 11–23 Uhr)
Werkgalerie Hochwart ⓫ Hochwartstraße, 78479 Reichenau,
Tel. (0 75 34) 75 10 (Di./Mi./Fr./Sa. 14–18 Uhr, So. auf gut Glück)

Entspannung ✹✹✹✹✹
Genuss ✹✹✹✹✹
Romantik ✹✹✹✹✹

Bäckerei/Konditorei Laib & Seele ⓬ Zelleleweg 2, 78479 Reichenau,
Tel. (0 75 34) 77 30, www.laibundseele.de/ (Mo.–Fr. 6–19, Sa./So./Feiertag 7–19 Uhr)

ENTDECKEN & ERLEBEN:
Schopflen ❶
St. Pirmin ❷
Kirche St. Georg ❸ Seestraße 2, 78479 Reichenau
Kloster- und Kräutergarten ❺
Yachthafen ❻ Herrenbrücke, 78479 Reichenau
Kirche Peter und Paul ❽ Eginostraße 19, 78479 Reichenau
Insel-Camping ❾ Zum Sandseele 1, 78479 Reichenau
Schiffsanleger ❿

- ✻ 9,5 Kilometer
- ✻ 100 Höhenmeter
- ✻ 3,5 Stunden
- ✻ Rundweg

Hafenmole Meersburg

Verwöhntour 13

Los geht es heute am Parkplatz in der Nähe des **Fährhafens** ❶ in Meersburg. Direkt am Parkplatz begeben wir uns durch eine Unterführung und folgen der roten Beschilderung „Zur Stadt". Direkt nach der Unterführung stehen wir auch schon am Bodenseeufer. Wir drehen uns nach links und gehen vorbei am Hotel Wilder Mann, das vor allem durch sein reich verziertes Schild auffällt. Dort angekommen, biegen wir nach rechts ab und laufen an der von Platanen gesäumten **Uferpromenade** entlang. Schon aus der Ferne erkennen wir am Ende der Promenade, direkt an der Hafenmole, die **Magische Säule** ❷.

Wir setzen uns auf eine der vielen Bänke rund um die Magische Säule und genießen den Blick über den

Genuss pur
Entlang des Meersburger Ufers

See und die kreisenden Möwen an der Hafenmole. Nach dieser kurzen Ruhepause geht es etwa 100 Meter auf der Hafenmole zurück und rechts haltend weiter am Seeufer entlang. Vorbei am alten Zollamt und am Minigolfplatz auf unserer linken Seite gehen wir rund 750 Meter am See entlang bis zur **Meersburg Therme** ❸. Direkt hinter der Therme orientieren wir uns an dem Wegweiser in Richtung Hagnau, unser Weg ist nun mit einer gelben Raute markiert. Nun geht es – auf unserer linken Seite Weinreben, zu unserer rechten Seite der See – vorbei am Wasserwerk von Meersburg bis zum **Rebgut Haltnau** ❹, dem ersten kulinarischen Highlight auf unserer heutigen Tour. Hier genießen wir unter der Frühlingssonne ein ge-

Die vom Bodmaner Künstler Peter Lenk gestaltete Säule wurde 2007 an der Meersburger Hafenmole eingeweiht. Sie zeigt auf karikaturistische Art wichtige Persönlichkeiten der Stadtgeschichte und deren Wirken. So wird z. B. die Dichterin Annette von Droste-Hülshoff als Möwe dargestellt. Damit wird ihre anhaltende Sehnsucht zum Ausdruck gebracht.

Verwöhntour 13

kühltes, leckeres Glas Weißwein, bevor wir uns wieder auf den Weg machen.

Weiter geht es, der Uferpromenade folgend, rechter Hand vorbei am Yacht-Club Meersburg entlang der **Seestraße** etwa 2,2 Kilometer bis zum Fähranleger in Hagnau. Vor dem Fähranleger rasten wir kurz auf einer der bequemen Liegebänke, genießen den Ausblick auf den See und lassen unsere Gedanken zur Ruhe kommen. Hier geht die Seestraße in die **Meersburger Straße** über, der wir noch ein kurzes Stück folgen, bevor wir nach links in die Kapellenstraße abbiegen. Wir durchqueren den kleinen Ort Hagnau auf der **Kapellenstraße,** und kurz bevor wir auf die Hauptstraße stoßen würden, halten wir uns links und biegen in den Höhenweg ein, dem wir bis zu seinem Ende etwa 800 Meter folgen. Hier steigen wir einige Stufen nach unten und überqueren auf einer neu angelegten Holzbrücke den Dysenbach, der sich hier durch Bäume und Sträucher schlängelt, um in den Bodensee zu münden.

Brücke über den Dysenbach

Entlang des Meersburger Ufers

Winzer bei der Arbeit

❀ Für die Seele

Mit einem Glas gekühlten, lokalen Weißweins in der Hand genießen wir die Sonnenstrahlen auf der Haut und lassen unseren Blick entspannt über das ruhige Wasser des Bodensees gleiten.

Weiter auf dem Höhenweg folgen wir nun dem Wegweiser in Richtung Lerchenberg und Meersburg, markiert mit dem Zeichen des Bodensee-Rundwegs, einem blauen Kreis mit schwarzem Pfeil. Über die Weinreben auf unserer rechten Seite hinweg sehen wir immer wieder den Bodensee. Am **Auhof** ❺ der Familie Hauser, einem Obst- und Weinbauhof, geht es vorbei, bis wir nach etwa 500 Metern beim **Weingut Aufricht** ❻ ankommen. Hier verkosten wir im Direktverkauf einige prämierte Weine, von denen manche auch den Weg in unseren Rucksack finden, bevor wir uns auf den nächsten Wegabschnitt begeben.

Weit müssen wir nicht gehen, denn unweit hinter dem Weingut gelegen erwartet uns das **Ehrzunftig Ru-**

Verwöhntour 13

hebänkle **❼**, das etwas erhöht des Weges gelegen einen atemberaubenden Blick über den Bodensee und die Weinreben ermöglicht. Nachdem wir diesen Ausblick ausgiebig genossen und in uns aufgesogen haben, geht es nun gemütlich weiter, vorbei am Kriegsgräberdenkmal Lerchenberg, zurück in Richtung Meersburg. Wir erreichen den Aussichtspunkt **Wetterkreuz ❽** nach etwa 1,3 Kilometern, von dem wir noch einmal eine wunderbare Aussicht über den Bodensee genießen, bevor wir dann der Straße **Am Rosenhag** und wenig später der **Stefan-Lochner-Straße** in Richtung Meersburg Oberstadt/Neues Schloss folgen.

Nun sind wir zurück in der Meersburger Altstadt, durch die mit Kopfsteinpflaster ausgestattete **Vorburggasse** gehen wir nun in Richtung Schlossplatz/Neues Schloss. Am **Schlossplatz** angekommen, steht das reich verzierte, imposante, im Rokoko-Stil gehaltene **Neue Schloss ❾** vor uns. Wir überqueren den Schlossplatz und halten uns links. Vor uns liegt etwas tiefer bereits die **Burg Meersburg ❿**, ein markantes Bauwerk und ein Wahrzeichen der Region. Wir gehen an den Außenmauern der Burg entlang und steigen nun einige Treppenstufen hinab, vorbei am **Zeppelinmuseum ⓫** und am Mühlrad der Schlossmühle. Wir erkunden noch ein wenig die kleinen Gassen von Meersburg. Am Fuß der Treppe angekommen, laufen wir nach rechts in die **Steigstraße** und dort gleich wieder rechts in die **Winzergasse,** von dort nach rund 150 Metern rechter Hand die Stufen nach oben zum Kirchplatz. Wir gehen rechts über den **Kirchplatz** und biegen an dessen Ende wieder rechts in die **Kirchstraße** ein, laufen diese hinab, an der Stadtverwaltung Meersburg vorbei und biegen an deren Ende links in die **Vorburggasse.** Nach rund 100 Metern erreichen wir das **Vineum Bodensee ⓬**. Dort lassen wir uns mit allen Sinnen für das Thema Wein begeistern. Nach diesem Ausflug in die Welt des Weines, geht es für uns wieder über den Schlossplatz und an der Burg Meersburg vorbei die Stufen hinab. An der **Steigstraße** angekommen, halten

Abendstimmung an der Burg Meersburg

Verwöhntour 13

wir uns diesmal links, gehen am **Bärenbrunnen** ⑬ vorbei und biegen direkt dahinter nach links ab. Nun geht es an der Schlossmühle, die wir zuvor nur aus der Ferne gesehen haben, direkt vorbei und an den Burgmauern die schattigen Treppenstufen hinunter bis zur Unterstadtstraße. Direkt am Ende der Treppen, auf der rechten Seite, liegt unsere letzte Raststelle für die heutige Tour. Wir genießen noch ein Glas lokalen Weins und einen Snack beim **Winzerverein Meersburg** ⑭, bevor wir weiter auf der **Unterstadtstraße** durch das **Unterstadttor** ⑮ gehen. Dann kommen wir über den **Bismarckplatz,** vorbei am Hotel Wilder Mann, durch die Unterführung hindurch, an unseren Ausgangspunkt zurück.

Alles auf einen Blick

WIE & WANN:
Feldwege und Asphalt; eine ganzjährige Wanderstrecke

HIN & WEG:
Auto: Parkplatz am Fährhafen in Meersburg (Unteruhldinger Straße) (GPS: 47,694643N 9,2661950)
ÖPNV: Mit Bus und Schiff direkt zum Fährhafen in Meersburg

ESSEN & ENTSPANNEN:
Rebgut Haltnau ❹ Uferpromenade 107, 88709 Meersburg,
Tel. (0 75 32) 97 32 (Mai–Okt. ab 10 Uhr)
Weingut Aufricht ❻ Höhenweg 8, 88719 Stetten,
Tel. (0 75 32) 24 27 (Mo.–Sa. 10–12 u. 14–18 Uhr, verschiedene Events)
Winzerverein Meersburg ⓴ Unterstadtstraße 11,
88709 Meersburg, Tel. (0 75 32) 80 71 64

Entspannung ✦✦✦✧✧
Genuss ✦✦✦✦✦
Romantik ✦✦✦✧✧

ENTDECKEN & ERLEBEN:
Fährhafen Meersburg ❶ Uferpromenade, 88709 Meersburg
Magische Säule ❷
Meersburg Therme ❸ Uferpromenade 10, 88709 Meersburg,
Tel. (0 75 32) 4 40 28 50, www.meersburg-therme.de (tägl. 10–22 Uhr)
Auhof ❺ Harlachen 5, 88719 Stetten
Ehrzunftig Ruhebänkle ❼
Wetterkreuz ❽
Neues Schloss Meersburg ❾ Schlossplatz 13, 88709 Meersburg
Burg Meersburg ❿ Schlossplatz 10, 88709 Meersburg
Zeppelinmuseum ⓫ Schlossplatz 8, 88709 Meersburg
Vineum Bodensee ⓬ Vorburggasse 11, 88709 Meersburg, Tel. (0 75 32) 44 02 60
(Apr.–Okt. Di.–So. 11–18, Nov.–März Sa./So. 11–18 Uhr)
Bärenbrunnen ⓭
Unterstadttor ⓯

Entschleunigungstour 14

Bei sonnigem Wetter starten wir unsere Rundtour am gebührenpflichtigen **Parkplatz P1 „Zum See"** in **Unteruhldingen**. Vom Parkplatz laufen wir rechts am Informationszentrum vorbei und direkt durch die Unterführung „Tauchen Sie unter Uhldingen", dann folgen wir dem roten Wegweiser Richtung Pfahlbauten. Auf unserem Weg entlang der Poststraße passieren wir bereits das kleine **Eiscafé Ice Zeit ❶**, an dem wir nicht vorbeikommen, ohne ein Eis mitzunehmen. Weiter geht es entlang der **Poststraße,** vorbei an der **St.-Quirinius-Kapelle ❷** bis zum Fähranleger. Auf einer der zahlreichen Bänke nehmen wir Platz und genießen das vor uns liegende Panorama – direkt gegenüber dem Fähranleger erkennen wir die Insel Mainau mit ihrem weithin sichtbaren Schloss und dem Gewächshaus und auf unserer rechten Seite sehen wir die Pfahlbauten und etwas weiter in der Ferne bereits Kloster Birnau.

Pfahlbauten aus der Stein- und Bronzezeit wie vor 5000 bzw. 3000 Jahren wurden in Unteruhldingen, basierend auf verschiedenen Ausgrabungsergebnissen aus der Gegend, rekonstruiert und können hier im Freilichtmuseum besucht und erkundet werden.

Der Strandpromenade folgend nähern wir uns den Pfahlbauten und erreichen den **Georg-Sulger-Platz.** Hier befindet sich auch der Eingang zum **Pfahlbaumuseum ❸**.

Natur & Kultur
Kloster Birnau und Egelsee

Nach unserem Ausflug in die Bronzezeit geht es weiter. Am Ende des **Georg-Sulger-Platzes** halten wir uns links und laufen 400 Meter entlang der **Seefelder Straße.** Kurz vor Erreichen des Tennis Clubs biegen wir nach links in das Naturschutzgebiet **Seefelder Aachmündung ❹** auf einen kleinen Pfad ab. Nun geht es immer entlang der Aach, die auf unserer linken Seite ruhig

Entschleunigungstour 14

dahinfließt, bis zu einer Holzbrücke, mit deren Hilfe wir die Aach überqueren, die an dieser Stelle schon etwas breiter ist. Auch die ersten blühenden Weidekätzchen lassen sich hier entdecken.

Hinter der Brücke folgen wir nun dem Wegweiser – markiert mit dem Zeichen des Bodensee-Rundweges – in Richtung Kloster Birnau. Vorbei an einer großen Obstplantage auf unserer rechten Seite erreichen wir den kleinen Ort Seefelden. Dort begrüßt uns direkt die **Kirche St. Martin** ❺. Wir wandern weiter-

Kloster Birnau

Kloster Birnau und Egelsee

hin auf dem Bodensee-Rundweg, vorbei an den Fachwerkbauten des Bauernhofs Wenk-Witt und dem Landhotel Fischerhaus immer am Ufer entlang. Nun haben wir uns eine erste Kaffeepause redlich verdient, die wir mit direktem Blick auf den See und der Sonne im Rücken auf der Terrasse des **Restaurants Im Vorbei** ❻ verbringen.

Frisch gestärkt nehmen wir das nächste Etappenziel für heute in Angriff, das Kloster Birnau. Wir starten und gehen noch rund 200 Meter am Ufer entlang, dann vorbei an verschiedenen Restaurants und Hotels und überqueren an der Bushaltestelle Maurach die Straße. Auf der gegenüberliegenden Straßenseite angekommen, geht es rund 500 Meter auf dem Asphalt bergan zum **Kloster Birnau** ❼. Bevor wir das Innere der Basilika anschauen, genießen wir von der etwas erhöht liegenden Anlage den Blick über den Bodensee. Leider ist heute die Sicht nicht ganz klar, dennoch erkennen wir auf der gegenüberliegenden Seeseite das Örtchen Bodman und Teile von Konstanz. Das Innere der komplett im Barockstil erbauten Basilika ist sehr beeindruckend, es gibt viel zu

Für die Seele

Sonnenstrahlen begleiten uns und kitzeln uns in der Nase, während wir die Ausblicke über den See und über die freien Felder genießen.

entdecken, von den Fresken an der Decke, über die Orgel und viele Verzierungen an den Wänden und im Altarbereich.

Nach unserem Ausflug in das Innere des Klosters Birnau überqueren wir, noch etwas vom Sonnenlicht geblendet, den angrenzenden Parkplatz, setzen unsere Wanderung auf dem angrenzenden Kiespfad

Entschleunigungstour 14

fort und folgen dem sogenannten Prälatenweg (markiert mit einem blauen Strich) in Richtung Affenberg-Mendlishausen. Nach der Unterquerung erreichen wir die **Weinstube Birnauer Oberhof** ❽. Optional können wir hier noch eine kurze Pause im Innenhof einlegen. Ansonsten lassen wir diesen zu unserer linken Seite liegen und laufen weiter auf dem **Prälatenweg.** Der Weg führt uns nun durch einen offenen Wald, wir müssen auch ein kurzes Stück bergan. Oben angekommen, steht zu unserer Rechten ein Wegkreuz.

Nachdem wir den kleinen Hügel erklommen haben, geht es auch gleich wieder bergab, vorbei an einem kleinen See und wieder etwas bergan, an einem Unterstand für eine Pause vorbei, kommen wir aus dem Wald heraus aufs freie Feld. Hier lassen wir unseren Blick in die Ferne schweifen und erkennen die ersten Störche am Himmel und auf den angrenzenden Bäumen. Je näher wir dem **Affenberg Salem** ❾ kommen, umso mehr Störche begegnen uns in der Luft, aber auch an ihren Brutplätzen. Zum Affenberg Salem müssten wir jetzt die Straße überqueren, wir entscheiden uns jedoch, nach rechts abzubiegen und dem kombinierten Fuß- und Radweg – markiert mit der gelben Raute – zunächst in Richtung Mühlhofen für 500 Meter zu folgen. An der ersten Möglichkeit biegen wir nach rechts in den angrenzenden Wald ab und halten uns an der nächsten Kreuzung links. Die Wege im Wald biegen immer wieder in verschiedene Richtungen ab, wir halten uns weiterhin an die mit der gelben Raute markierten bzw. mit dem Wanderwegschild gekennzeichneten Pfade. Hier am Waldrand entdecken wir auch die ersten richtigen Farbtupfer der Saison – den gelb blühenden Huflattich. An der nächsten Kreuzung angekommen, geht es nun weiter nach links am Waldrand entlang in Richtung Unteruhldingen und am **Egelsee** ❿ mit seinen Enten und Schwänen und einem Bauernhof vorbei, dann biegen wir am Ende der Straße nach rechts ab

Entschleunigungstour 14

> Wegkreuze stehen an Wegkreuzungen, alten Hauptverkehrsachsen oder erinnern in besonderem Maße an Schicksale und Ereignisse, die die jeweiligen Stifter bewegten.

und laufen auf der Straße – Vorsicht Autos! – durch die kurze Unterführung. Nun geht es entlang der **Tüfinger Straße** nach Oberuhldingen bis zum Kreisverkehr, den wir überqueren. Danach laufen wir in der **Aachstraße,** vorbei am Hotel und Gasthof Storchen und über die Aach, bis zur **Reismühlstraße.** In diese biegen wir nach links ab, gehen auf der Reismühlstraße etwa 450 Meter und biegen anschließend nach links in die **Mühlenstraße** ein. Auf dieser laufen wir wieder aus Oberuhldingen heraus und gehen auf der linken Seite von Feldern gesäumt etwa 300 Meter geradeaus, am Ende des Pfades biegen wir nach rechts ab, folgen der Unterführung und gelangen so zurück zu unserem Ausgangspunkt, dem **Parkplatz P1 „Zum See"** in Unteruhldingen.

Alles auf einen Blick

WIE & WANN:
Kies-, Feld- und Waldwege, einige asphaltierte Straßen. Beste Wanderzeit ist von März bis Oktober.

HIN & WEG:
Auto: Parkplatz P1 „Zum See" Unteruhldingen, Meersburger Straße (GPS: 47,724087N 9,2365710)
ÖPNV: Mit dem Zug direkt bis Uhldingen-Mühlhofen Bf.

ESSEN & ENTSPANNEN:
Eiscafé Ice Zeit ❶ Poststraße 4, 88690 Unteruhldingen,
Tel. (0 75 56) 9 66 84 84 (Öffnungszeiten wetterbedingt)
Restaurant Im Vorbei ❻ Birnau-Maurach 7, 88690 Uhldingen,
Tel. (0 75 56) 96 66 88, www.imvorbei.com (Mitte Mai–Mitte Sept. tägl. 8–22 Uhr)
Weinstube Birnauer Oberhof ❽ Oberhof 1, 88690 Uhldingen-Mühlhofen,
Tel. (0 75 56) 93 36 80, www.birnauer-oberhof.de (Apr.–Okt. Mo./Di. u. Do.–So. ab 11 Uhr)

ENTDECKEN & ERLEBEN:
St.-Quirinius Kapelle ❷ Forellengang 12, 88690 Uhldingen-Mühlhofen
Pfahlbaumuseum Unteruhldingen ❸ Freilichtmuseum und Forschungsinstitut,
Strandpromenade 6, 88690 Uhldingen-Mühlhofen, Tel. (0 75 56) 92 89 00
(Apr.–Sept. tägl. 9–18.30 Uhr)
Seefelder Aachmündung ❹
Kirche St. Martin ❺ Seefelden 13/F, 88690 Uhldingen-Mühlhofen

Entspannung ✵ ✵ ✵ ✵ ✵
Genuss ✵ ✵ ✵ ✵ ✵
Romantik ✵ ✵ ✵ ✵ ✵

Kloster Birnau ❼ Birnau-Maurach 5, 88690 Uhldingen-Mühlhofen,
Tel. (0 75 56) 9 20 30
Affenberg Salem ❾ Mendlishauser Hof, 88682 Salem,
Tel. (0 75 53) 3 81 (Mitte März–Ende Okt. tägl. 9–18 Uhr)
Egelsee ❿

Tosendes Wasser

- 15,2 Kilometer
- 160 Höhenmeter
- 3,5 Stunden
- Rundweg

Entschleunigungstour 15

Wir starten heute am **Bahnhof in Schaffhausen.** Von dort begeben wir uns durch die Unterführung hindurch zunächst Richtung Altstadt. Am Ende der Unterführung halten wir uns rechts und laufen die Stufen empor. Auf der gegenüberliegenden Seite entdecken wir bereits das Bahnhofsgebäude von Schaffhausen. Entlang der **Bahnhofstraße** gehen wir bis zur **Schwertstraße,** in die wir nach links einbiegen. Auf dem **Fronwagenplatz** erkennen wir rechts und links von uns schön mit Blumen geschmückte Brunnen und Statuen, die wir in der Schaffhauser Altstadt noch häufiger antreffen werden. Wir überqueren den **Fronwagenplatz** nach rechts und biegen an dessen Ende nach links in die **Vordergasse** ab. Wir gehen gemütlich vorbei an einer Vielzahl von historischen Gebäuden mit zahlreichen Erkern, welche für das Schaffhauser Stadtbild typisch sind. Schaffhausen ist die Stadt mit den meisten Erkern in der Schweiz, rund 170 in der ganzen Stadt.

Am Ende der Vordergasse überqueren wir die Straße und entdecken auf der gegenüberliegenden Seite an einer Hauswand bereits das Schiffssymbol,

Der Munot ist das Wahrzeichen der Stadt Schaffhausen, er war Teil der Stadtbefestigung. Der Munot ist eine Zirkularfestung, die zur Rundumverteidigung mit Geschützplattformen und gewölbten Kasematten ausgestattet war. Sie wurde allerdings nur 1799 einmal zur Verteidigung genutzt. Heute dient der Munot als Kulturzentrum und Veranstaltungsort.

Wasserschauspiel
Zum größten Wasserfall Europas

dem wir in die Unterstadt folgen. Etwa 100 Meter später wenden wir uns nach links und steigen den steilen **Munotstieg** hinauf. Dieser ist rechts und links gesäumt von Weinreben, deren Blätter in der Sonne grün und rot leuchten. Oben an der **Festung Munot** ❶ angekommen, reicht unser Blick über die Reben und die Altstadt von Schaffhausen bis hin zum Rhein.

Entschleunigungstour 15

Vor allem von den großen, fast kreisrunden Zinnen genießen wir einen prächtigen Blick über die Stadt.

Zurück geht es wieder über den Munotstieg, an dessen Basis wir uns nach links wenden und dem Schiffssymbol zum Freien Platz folgen. Hier überqueren wir die Straße und wandern fortan direkt links am Rhein entlang. Nachdem wir unter einer kleinen Unterführung hindurchgegangen sind, erblicken wir bereits links auf dem Rhein das große Schaffhauser **Holzbad Rhybadi** ❷, das seit 1870 seinen Bug in die Rheinströmung hält. Hier kann man sich in einer einmaligen Kulisse in der Strömung des Rheins erfrischen. Durch die Stauung des Kraftwerkes ist der Pegelstand im Bad konstant.

Mit einer Breite von 150 Metern und einer Fallhöhe von 23 Metern ist der Rheinfall bei Schaffhausen der größte und wasserreichste Wasserfall Europas. Der Rheinfall ist geschätzte 14.000–17.000 Jahre alt. Im Sommer bringt er es auf eine durchschnittliche Abflussmenge von 600 Kubikmetern pro Sekunde, im Winter liegt sie bei durchschnittlich 250 Kubikmetern pro Sekunde.

Wir folgen der Beschilderung in Richtung Rheinfall und gehen von hier nun für rund 3,5 Kilometer etwa 1 Stunde direkt am Rhein entlang, bewundern die massive Staumauer des Kraftwerks und kommen nach einer Unterführung auf einen Kiesweg, der uns – zwischen Bäumen hindurch – am Ufer entlangführt. Immer wieder genießen wir den Blick auf den Fluss mit seinen kleinen Inselchen und den verschiedenen Strömungen sowie den Ausblick auf das gegenüberliegende Ufer. Mit ein bisschen Glück entdecken wir in der Strömung sogar einen Fischer, der auf einen guten Fang an diesem Tag hofft.

Schon bald erkennen wir die Brücke über den Rhein und auf dem Hügel am gegenüberliegenden Ufer bereits **Schloss Laufen,** das wir später noch genauer

Zum größten Wasserfall Europas

erkunden werden. Wir bleiben auf unserem Weg und folgen der Beschilderung Richtung Neuhausen am Rheinfall, gehen einige Stufen nach oben und erblicken zwischen den Bäumen hindurch bereits den

Holzbad Rhybadi

❁ Für die Seele

Ruhige Flussabschnitte und ein tosender Wasserfall spiegeln die Vielfalt des Wassers wider und lassen uns entspannt nach der Tour zurückkehren.

mächtigen **Rheinfall** ❸, der hier tosend zwischen den Felsen hindurch in die Tiefe stürzt.

Auf der ersten Aussichtsplattform angekommen, erkennen wir die beiden einzelnen Felsnasen, die aus dem Wasser ragen und die roten Schiffe, die Besucher zu einem dieser Felsen bringen.

Wir setzen unseren Weg fort und gehen nun ein

Entschleunigungstour 15

paar Stufen bergab, an einem riesigen Wasserrad vorbei. Wir stehen auf einer Aussichtsplattform direkt am Wasserfall, sodass der Wind sogar etwas von der Gischt in unsere Gesichter weht. Wir genießen das Naturschauspiel und beobachten immer wieder, wie sich die kleinen Schiffe durch die Strömung zum Aussichtsfelsen mitten im Wasserfall kämpfen.

Weiter am nördlichen Ufer des Rheinfalls entlang gelangen wir nun zum **Restaurant Park am Rheinfall** ❹, in dem wir uns mit frischer saisonaler Schweizer Küche – Gehacktes mit Hörnlinudeln und Apfelmus – stärken. Wir setzen unseren Weg entlang des Rheinufers fort und überqueren die kleine Brücke am **Restaurant Schlössli Wörth** ❺. Hier gehen wir ein paar Stufen hinab und stehen direkt an der **Anlegestelle der Ausflugsboote** ❻, die uns – wenn wir möchten – auf den Aussichtsfelsen in die Mitte des Wasserfalls bringen. So ein kleiner Abstecher lohnt sich, denn dort ist die Wucht, mit der das Wasser des größten Wasserfalls Europas in die Tiefe stürzt, förmlich spürbar.

Am trockenen Nordufer laufen wir weiter den Rhein entlang, an der Fischzuchtanstalt vorbei, und folgen dem markanten Holzwegweiser in Richtung Nohl-Rheinau. Nun verengt sich unser Weg und wird zu einem Kiespfad, der direkt am Rheinufer entlangführt. Gegen die aufgebrachten Wassermassen direkt am Rheinfall ist der Fluss hier ziemlich ruhig und beschaulich. An der **Nohlbrücke** angekommen, überqueren wir den Rhein und orientieren uns an den Wegweisern in Richtung Schloss Laufen. Durch den Wald gelangen wir nach

Mit dem Boot zum Aussichtsfelsen

Tor Schloss Laufen

Zum größten Wasserfall Europas

Am Rheinfall

kurzer Zeit bereits an die erste Aussichtsplattform am südlichen Rheinfallufer – gleichzeitig auch Anlegestelle der Ausflugsboote, die beide Ufer verbinden. Hier am südlichen Ufer lösen wir oberhalb der ersten Aussichtsplattform unser Ticket am Automaten, mit dem wir nun die beiden Aussichtsplattformen besuchen und die unterschiedlichen Perspektiven auf den Rheinfall genießen können.

Nach diesen spektakulären Ausblicken bringt uns ein Aufzug in den Innenhof von **Schloss Laufen** ❼, wo sich auch das Besucherzentrum des Rheinfalls befindet. Im nahe gelegenen **Restaurant Schloss Laufen** ❽ wappnen wir uns mit frisch gebrühtem Kaffee und Mousse aus Schweizer Schokolade für den Rückweg Richtung Schaffhausen. Frisch gestärkt geht es durch den Torbogen aus dem Innenhof heraus und immer entlang des Rheinufers in Richtung Schaffhausen. Durch die Bäume hindurch reicht unser Blick immer wieder zurück zum Schloss Laufen. Bald erreichen wir **Flurlingen,** ein beschauliches Dörfchen mit vielen Fachwerkhäusern, das wir auf dem entsprechend markierten Wanderweg passieren. Im Dorfkern angekommen, überqueren wir die **Gründenstraße** und fol-

Entschleunigungstour 15

gen weiterhin dem gelb markierten Wanderweg. Aus Flurlingen hinaus gehen wir auf unserer rechten Seite an Weinreben vorbei, etwas bergab und gleich unter der großen Autobrücke hindurch. So erreichen wir bereits die Stadtgrenze von Schaffhausen. An der Staumauer des Kraftwerks geht es vorbei und nach etwa 300 Metern erkennen wir wieder das **Holzbad Rhybadi** ❷. Die **Festung Munot** ❶, die von dieser Seite noch eindrucksvoller wirkt als zuvor, spiegelt sich im ruhigen Rheinwasser. Wir überqueren wieder den Rhein und gehen durch die Altstadt von Schaffhausen, in der wir noch in einem der vielen Cafés und Restaurants einkehren können. So gelangen wir völlig entspannt und mit vielen neuen Eindrücken zu unserem Ausgangspunkt, dem Schaffhauser Bahnhof.

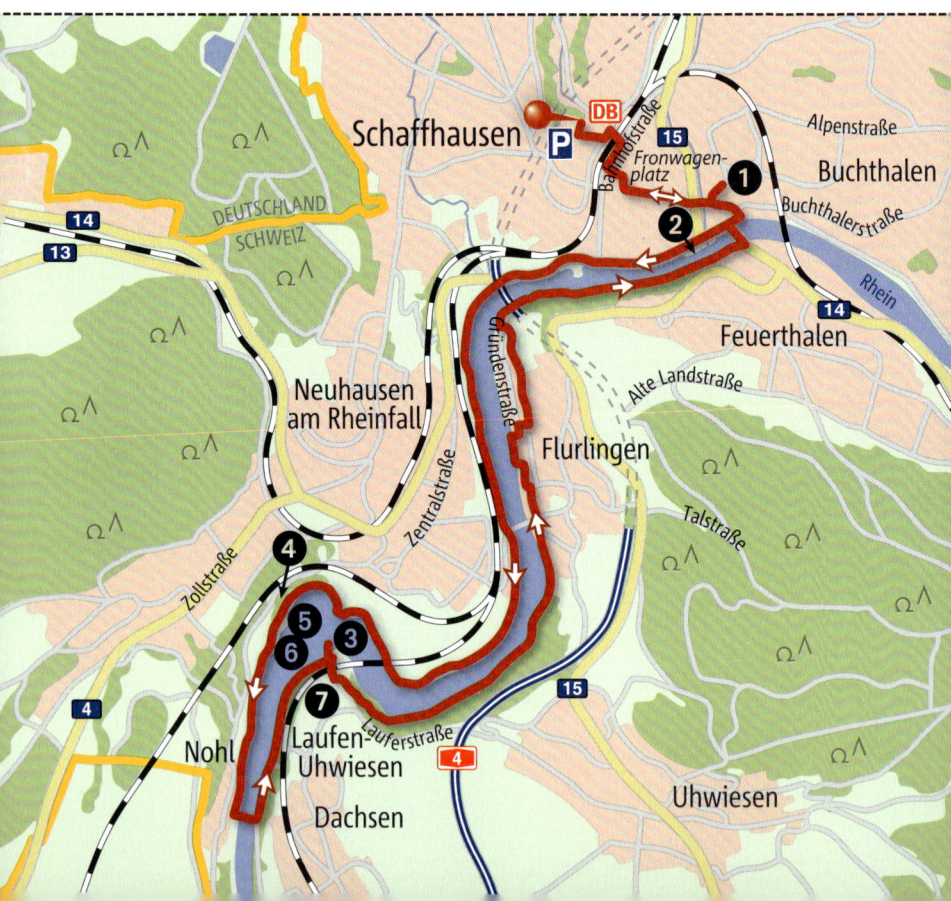

Alles auf einen Blick

WIE & WANN:
Kies-, Schotter-, Waldwege, asphaltierte Straßen; eine ganzjährige Wanderstrecke

HIN & WEG:
Auto: Parkhaus am Bahnhof, Mühlentalstraße 5, CH-8200 Schaffhausen (GPS: 47,699452N 8,6312410)
ÖPNV: Zahlreiche Busse und Bahnen bis Schaffhausen Bf.

ESSEN & ENTSPANNEN:
Restaurant Park am Rheinfall ❹ Rheinfallquai 5, CH-8212 Neuhausen,
Tel. (00 41) (0) 52/6 72 24 94, www.parkamrheinfall.ch (Febr.–Dez. tägl. 11.30–18 Uhr)
Restaurant Schlössli Wörth ❺ Rheinfallquai 30, CH-8212 Neuhausen,
Tel. (00 41) (0) 52/ 6 72 24 21, www.schloessliwoerth.ch (März–Dez. tägl. 11.30–23 Uhr)
Restaurant Schloss Laufen am Rheinfall ❽ CH-8447 Dachsen,
Tel. (00 41) (0) 52/ 6 59 67 67 (tägl. 11.30–23.30 Uhr); SB-Restaurant (tägl. 9 –19 Uhr)

Diverse Cafés und Restaurants in der Schaffhauser Innenstadt

ENTDECKEN & ERLEBEN:
Festung Munot ❶ Munotstieg 17, CH-8200 Schaffhausen, Tel. (00 41) (0) 52/6 25 42 25
Holzbad Rhybadi ❷ Rheinuferstraße 1, CH-8200 Schaffhausen,
Tel. (00 41) (0) 52/ 6 25 19 90 (Mai–Sept. ab 8 Uhr)
Rheinfall Schaffhausen ❸ Rheinfallquai, CH- 8212 Neuhausen am Rheinfall

Entspannung ✸✸✸✸✶
Genuss ✸✸✶✶✶
Romantik ✸✸✸✸✶

Schiffsanleger am Rheinfall ❻ Felsenfahrt und Überfahrt, Tobeläckerstraße 9, CH-8212 Neuhausen am Rheinfall, Tel. (00 41) (0) 52/6 72 48 11, https://rhyfall-maendli.ch/de/bootsfahrten/ (Saisonstart immer Palmsonntag)
Schloss Laufen ❼ Rheinfallstraße, CH-8447 Dachsen

Entschleunigungstour 16

Wir starten am Parkplatz beim **Museum Fischerhaus** ❶ in Wangen am Untersee. Dieser liegt am westlichen Ende des Dorfes. Vom Parkplatz gehen wir wenige Meter den **Kiesweg** entlang zur Straße in Richtung Öhningen und folgen dem Gehweg, der direkt an der Hauptstraße liegt. Vorbei an privaten Badestränden, die durch Holzzäune blickgeschützt sind, erreichen wir nach rund 600 Metern die erste Weggabelung. Die Landstraße führt in einem langen Rechtsbogen bergauf, wir wandern auf dem Sträßchen **Im Hofergärtle** geradeaus hinauf.

Eine rund 2 Meter hohe, **verzierte Gartenmauer** ❷ zieht unsere Aufmerksamkeit auf sich. Sie ist bemalt mit einer Meerjungfrau, einem Schiff und zwei fliegenden Pferden. Wir wandern weiter geradeaus und der Name der Straße wechselt, von uns fast nicht bemerkt, in die **Alte Wangener Straße.** Ehe wir uns versehen, haben wir die erste Steigung schon hinter uns gebracht. Wir biegen links ab in die **Schlossstraße** in Richtung Kattenhorn. Die Straße führt uns bergab. Hier ist Achtung vor Radfahrern und Autos geboten,

Malerische Kulisse
Durch die Klingenbachschlucht

da es hier leider keinen Gehweg gibt.

Die vielen unterschiedlichen **Fachwerkhäuser** ❸ lassen erahnen, dass die meisten Gebäude ziemlich alt sind. Und schon sehen wir die verschiedenen Schilder, die die Geschichte einiger Häuser erzählen. Wir wandern gemütlich auf der Schlossstraße weiter bergab.

Entschleunigungstour 16

Vorbei am Brunnen mit einem wasserspeienden Kretzer (Flussbarsch), geht sie dann in einem Rechtsbogen in den Uferweg über. Dieser, insgesamt 1250 Meter lang, liegt nicht direkt am Wasser. Er führt uns in Richtung Öhningen, dabei kommen wir abwechselnd an Grünflächen und privaten Häusern vorbei.

Bei Sonnenschein nutzen wir die Möglichkeit, im Schatten der großen Bäume zu wandern. Zahlreiche Schilder informieren uns über „'s Dörfli" Kattenhorn und die Halbinsel Höri.

So erreichen wir den Rand von Kattenhorn und wandern weiter auf dem Uferweg. Säumten die letzten 400 Meter noch verschiedene Gartenzäune und Einfahrten unseren Weg, so schlendern wir die nächsten 300 Meter vorbei an landwirtschaftlich genutzten Flächen und Wiesen und erreichen Öhningen,

's Dörfli Kattenhorn: Vor rund 5900 Jahren während der Jungsteinzeit gab es die ersten Ansiedlungen in Pfahlbauten am Seeufer. Kattenhorn wurde das erste Mal um 1155 urkundlich erwähnt, zusammen mit den Orten Wangen, Gaienhofen und Horn. Meist lebten hier geistliche Herrschaften und Fischer.

Pfahlbauten in Wangen

Durch die Klingenbachschlucht

„die Hauptstadt der hinteren Höri." Auf unserem Weg gibt es jedoch kein Ortsschild, denn das Dorf liegt wenige Hundert Meter oberhalb von uns.

Wir erreichen jetzt die erste „richtige" Kreuzung und biegen 90 Grad nach rechts ab; wir folgen der **Oberstaaderstraße** in Richtung Ortsmitte.

Dabei wandern wir gegen die Einbahnstraße. Die Schiffsanlegestelle und den **Hafen von Öhningen** ❹ können wir später noch erkunden, diese liegen 400 Meter links bergab.

Die Kirche mit dem markanten Zwiebelturm ist schon deutlich sichtbar. Auch Öhningen selbst hat eine über 1000-jährige Geschichte zu erzählen. Hier gibt es ebenfalls sehr schöne, gepflegte Häuser, den alten Ortskern und ein Kloster zu erkunden.

An der Kreuzung **Oberstaaderstraße/Höristraße** angekommen, fällt uns das neu renovierte Fachwerkhaus mit roten Putzfeldern auf. Es ist als Ferienhaus zu mieten.

Rund 300 Meter rechts von uns liegt das **Kaffeestüble Kaiser** ❺. Dort gibt es frischen Kuchen oder selbst gemachtes Eis. Da wir im Moment keine Pause

❀ Für die Seele

Die traumhafte Klingenbachschlucht verzaubert uns mit ihrer Natürlichkeit. Dieser Pfad erfreut unser Wanderherz ganz besonders.

benötigen, überqueren wir die Höristraße und laufen auf der **Schienerstraße** leicht bergauf, um dann etwa 100 Meter später halb rechts in die **Döllenstraße** einzubiegen.

Die Döllenstraße ist ebenfalls nicht besonders breit und nach weiteren 150 Metern folgen wir den gelben Wanderzeichen (unterlegt mit einem schwar-

Entschleunigungstour 16

zen Pfeil) in einem Rechtsbogen, leicht bergab. So verlassen wir den Ort Öhningen, der Asphalt wechselt zu Kies und wir genießen die Ruhe und den breiten Landwirtschaftsweg, der nun in Bögen leicht bergauf in einen Wald führt.

Gleich am Anfang des Waldes nehmen wir den Abzweig nach links. Wir wandern auf dem ausgeschilderten Weg in die **Klingenbachschlucht** ❻. Wir laufen auf dem schmalen Wanderweg durch eine wildromantische Schlucht. Die verwegene Wegführung durch den Mischwald aus Laub und Nadelbäumen lässt uns den Alltag vergessen und wir können uns ganz auf das Hier und Jetzt konzentrieren. Die erste Brücke lassen wir links liegen und folgen dem Weg geradeaus weiter. Der schmale Pfad verläuft teilweise direkt neben dem **Klingenbach,** manchmal führt er in Bögen um den Bach herum.

Dort, wo die Schlucht zu schmal ist, helfen Holzstege bei der Überquerung. Nun weitet sich die Schlucht und eine Bank lädt zum Verweilen ein. Wir nutzen diesen Ort gerne, um ein wenig zu träumen und uns zu stärken. Unser Weg führt nun nach links über eine „sportliche" Brücke in Richtung **Bruderhof.** Diese Variante verlängert unsere Verweildauer in der malerischen Schlucht, die wir so in vollen Zügen genießen können. Vor allem die Lichtspiele zwischen den Bäumen sind ein Traum. Nach einigen kleinen Holzstegen und Treppen haben wir das Ende der Klingenbachschlucht erreicht und stehen auf einer Asphaltstraße, kurz vor dem Bruderhof.

Die Singvögel sind für den Wald wichtige Helfer. Ein Meisenpaar mit Nachkommen verzehrt rund 70 Kilogramm Insekten pro Jahr. Das kommt nicht nur dem Wald, sondern auch dem Obstbau zugute. Die Vögel benötigen dringend Wohnraum. Da der Mensch keinen alten, hohlen Baum mehr stehen lässt, können Nistkästen helfen.

Wir hören den Singvögeln zu und haben das Gefühl, sie singen ihr Lied nur für uns. Wir laufen auf der Asphaltstraße wenige Schritte, um dann rechts in den rund 3 Meter breiten Kiesweg einzubiegen. Im Spätsommer blicken wir rechts auf ein Kornfeld, links liegt eine Obstplantage. Nach kurzer Zeit durchqueren wir wieder ein Waldstück. Rechts von uns liegt die gerade durchquerte Klingenbachschlucht, gerade-

Lichtspiele in der Klingenbachschlucht

Entschleunigungstour 16

aus weiter in Richtung Aussichtspunkt befindet sich Kattenhornerbühl. Der Kiesbelag wechselt auf diesem kurzen Stück bergauf wieder zu Asphalt und plötzlich erblicken wir den Bodensee. Faszinierend, die vielen Segel- und Motorboote zu beobachten. Wir folgen der Straße rund 200 Meter bergab in den Wald in Richtung Aussichtspunkt Kattenhornerbühl. Wenige Meter nach dem Waldrand steht auf der rechten Seite ein Holzpflock mit der gelben Raute und einem Pfeil nach links. Dieser leitet uns auf einen landwirtschaftlich genutzten Weg leicht bergauf.

Zum ersten Mal wandern wir heute auf Gras und erreichen den **Aussichtspunkt Kattenhornerbühl** ❼. Der Weg ist zuerst noch tauglich für Traktoren, links und rechts flankiert von Weidezäunen. Wir genießen die wunderbare Aussicht auf den Bodensee, der nun rechts unter uns liegt. Das bunte Treiben hat uns ja vorher schon beeindruckt. Motorboote mit Wasserskifahrern, Segelboote und Ruderboote, die gemütlich unterwegs sind, kommen nun noch besser zum Vorschein. Fast hätten wir eine Nisthilfe für Wildbienen übersehen, die links am Wegesrand steht.

Es ist erstaunlich, dass die Wildbienen für uns absolut ungefährlich sind. Nur wenn wir sie mit bloßen Händen einfangen würden, könnten sie stechen. Es sind 460 verschiedene Arten allein in Baden-Württemberg bekannt. Die Körperlänge liegt zwischen 2 und 30 Millimetern.

Kurz nach der Nisthilfe treffen wir auf einen weiteren schönen Aussichtsplatz mit Bank und Grillstelle. Ab hier wird der Weg schmaler, aber wir wandern weiterhin auf Gras. Der Blick auf den See ist jetzt teilweise durch Bäume verdeckt.

Der weitere Wegverlauf ist sehr abwechslungsreich – das tut gut. Er wird auch gerne von Mountainbikern benutzt. Mal links an Bäumen entlang, dann durch ein kleines Waldstück auf Waldboden, schließlich zwischen den Wiesen hindurch – und schon treffen wir auf einen weiteren, sehr schönen Sitzplatz: die **Liebeshalde** ❽. Gleich darauf, nach einem kurzen Holzsteg, geht es auf einem rund 2,5 Meter breiten Kiesweg 200 Meter leicht bergauf zum **Aspenhof.** Dort halten wir uns rechts auf der Asphaltstraße in Richtung Wangen – unserem Start- und Endpunkt. Die Kühe auf der Weide freuen sich über das saftige Gras, und

Durch die Klingenbachschlucht

wir freuen uns über das schöne, warme Wetter, die bunten Blumenwiesen vor uns, dahinter der Bodensee und die benachbarte Schweiz auf der anderen Seeseite. Dieses Bild ist einfach einmalig.

An der nächsten Kreuzung, dem **Aspenkreuz,** folgen wir dem Wegweiser rechts ab nach Wangen Schifflände. Das Symbol eines Schiffes ersetzt auf dem Wegweiser das lange Wort. Eine weitere Bank lädt uns noch einmal zu einer kurzen Rast ein. Wir genießen erneut die wunderbare Sicht auf den Bodensee, bevor wir zum Endspurt aufbrechen. Der restliche Weg verläuft auf asphaltierter Straße, die aber sehr wenig befahren ist. Sie führt uns zwischen Wiesen und Obstplantagen zurück nach **Wangen.** Wer Glück hat, beobachtet hier noch einen Tausendfüßler, der die Straße überquert. Wir passieren eine weitere Bank, vor der ein Blumenbeet liebevoll angelegt ist. Wer möchte, kann hier noch einmal zur Ruhe kommen.

Schnell nähern wir uns dem Ortsrand von Wangen. Uns aufmerksamen Beobachtern fallen neben den gepflegten, privaten Gärten zusätzlich die kleinen Verzierungen in den Vorgärten auf.

Ruheplatz Aspenkreuz

Entschleunigungstour 16

An der ersten „echten" Kreuzung biegen wir dann rechts in die **Bernhardsgasse** ein. Diese führt uns wenige Meter bergauf, um uns nach einem Linksbogen bergab direkt wieder zur Hauptstraße zu bringen. Diese wird von uns überquert, ebenso der Parkplatz; unser Ausgangspunkt liegt direkt rechts vor uns. Die Besichtigung des **Museums Fischerhaus** ❶ ist jetzt natürlich für uns eine Pflichtübung. Schließlich wollen wir mit eigenen Augen sehen, warum die Pfahlbauten von Wangen seit dem 27. Juni 2011 UNESCO Weltkulturerbe sind.

Rund 50 Meter neben dem Museum direkt am See in Richtung Osten liegt das **Restaurant Seeterrasse** ❾ und lädt zum Abschluss zu einer Einkehr ein.

Alles auf einen Blick

WIE & WANN:
Wiesen- und Landwirtschaftswege, asphaltierte Straßen, verwegene Pfade. Beste Wanderzeit ist von März bis Oktober.

HIN & WEG:
Auto: Parkplatz beim Museum Fischerhaus, Seeweg 1, 78337 Öhningen-Wangen (GPS: N47° 39.628' E8° 55.710')
ÖPNV: Von Radolfzell Bf. mit der Höribuslinie 7368 bis Rathaus Wangen, dann rund 300 Meter westlich zum Museum Fischerhaus

ESSEN & ENTSPANNEN:
Kaffeestüble Kaiser ❺ Mühlenweg 7, 78337 Öhningen, Tel. (0 77 35) 24 96, www.kaffeestueble-kaiser.de (tägl. ab 13 Uhr)
Restaurant Seeterrasse ❾ Seeweg 2, 78337 Öhningen, Tel. (0 77 35) 9 30 00, www.residenz-seeterrasse.com (Di./Mi. Ruhetag)

ENTDECKEN & ERLEBEN:
Museum Fischerhaus Wangen ❶ Seeweg 1, 78337 Öhningen-Wangen, Tel. (0 77 35) 39 22, www.museum-fischerhaus.de (Mo. geschl., Di.–Sa. 12.30–17, So. 14–17 Uhr)
Verzierte Gartenmauer ❷
Fachwerkhäuser in Kattenhorn ❸

Entspannung ✸✸✸✸✸
Genuss ✸✸✸✸✸
Romantik ✸✸✸✸✸

Hafen von Öhningen ❹
Klingenbachschlucht ❻
Aussichtspunkt Kattenhornerbühl ❼
Ruhepunkt Liebeshalde ❽

- ❋ 11,8 Kilometer
- ❋ 400 Höhenmeter
- ❋ 3,5 Stunden
- ❋ Rundweg

Blütenpracht an der Insel Mainau

Entschleunigungstour 17

Unsere Rundwanderung beginnen wir am gebührenpflichtigen Parkplatz an der **Insel Mainau** . Wir lassen den Haupteingang der Insel Mainau, die wir nach unserem Spaziergang noch ausgiebig anschauen können, auf unserer rechten Seite liegen und wandern zunächst noch auf Asphalt, später auf Kies direkt am Bodenseeufer auf der **Graf-Lennart-Bernadotte-Allee** Richtung Litzelstetten. Hierbei genießen wir durch das dichte Schilf immer wieder den direkten Blick auf den Bodensee, am sogenannten **Mainau-Blick** können wir zurück in Richtung Insel Mainau schauen.

Vom Mainau-Blick folgen wir dem Bodensee-Wanderweg, der mit einem rechtsgerundeten, schwarzen Pfeil um einen blauen Punkt markiert ist, weiter Richtung Strandbad Litzelstetten. Auf unserer rechten Seite können wir immer wieder den Bodensee zwischen den Bäumen erahnen und auch das benachbarte Ufer mit Kloster Birnau und den Pfahlbauten in Unteruhldingen bestaunen; bei der heutigen Witterung wirkt es an manchen Stellen sehr nah.

Die Insel Mainau umfasst etwa 45 Hektar und befindet sich im Besitz der Lennart-Bernadotte-Stiftung. Sie ist die Blumeninsel im Bodensee. Ganzjährig kann man hier in den Parkanlagen und Gewächshäusern verschiedene Blumen und Pflanzen bestaunen.

See & Wald
Durch den Mainauwald

Vorbei an **Litzelstetten-Krähenhorn,** einem Teil des UNESCO-Welterbes „Prähistorische Pfahlbauten um die Alpen", gehen wir kurz bergan, bevor wir nach rechts in die **Straße Am See** abbiegen. Auf dieser laufen wir, immer auf dem Bodensee-Wanderweg bleibend, nunmehr Richtung Dingelsdorf. Am Strandbad in

Entschleunigungstour 17

Die Pfahlbauten in Litzelstetten-Krähenhorn liegen gegenüber der Ortschaft Unteruhldingen. Sie wurden vor 1899 entdeckt. Litzelstetten-Krähenhorn repräsentiert eine spezielle Siedlungslage am Nordufer der Halbinsel Bodanrück. Die Siedlung liegt auf einer kleinen vorspringenden Landzunge. Ein ausgedehntes Pfahlfeld, zwei durch Seekreide getrennte Kulturschichtpakete und verschiedene Funde repräsentieren eine längere Besiedlungsdauer des Platzes.

Litzelstetten angekommen, können wir uns bei einem kühlen Bad im See oder einem Getränk im **Strandbistro** ❷ erfrischen.

Frisch gestärkt geht es nun weiter, dem Seeufer auf einem asphaltierten Weg folgend, vorbei an blühenden Obstplantagen, Richtung Neuhof. Hinter dem Bauernhaus Neuhof folgen wir dem Holzwegweiser nach rechts, der den Uferweg Richtung Dingelsdorf ausweist. Vorbei an Weide- und Ackerland sowie einzelnen Obstplantagen erreichen wir **Fließhorn**. Von nun an orientieren wir uns an der gelben Raute zunächst Richtung Dingelsdorfer Ried. Wir halten uns links und biegen in den **Metzgersbrunnweg** ein, den wir bis zum Ende durchlaufen. Danach, rechts haltend, kommen wir auf einen Feldweg. Rechts und links von uns genießen wir den Anblick der Erdbeerfelder und blühenden Obstbäume. An

Blick auf das Kloster Birnau

Durch den Mainauwald

der nächsten Kreuzung halten wir uns links, Richtung Insel Mainau. Nun durchstreifen wir wieder einige Obstplantagen, genießen den Duft der Apfelblüten und gehen vorbei an der Statue des Heiligen Wendelin. Hiernach breitet sich ein Panorama aus und unser Blick schweift in die Ferne über die Hügel des Thurgau und den Bodensee, ganz in unserer Nähe sehen wir auch wieder die Insel Mainau.

Wir laufen auf dem Feldweg bis zum Ende und überqueren am Zebrastreifen die **Landstraße L 219,** wenden uns nach links und begeben uns auf dem Gehweg nach Litzelstetten. Dort folgen wir dem Marienweg für etwa 300 Meter bis zu einem Jesus-Denkmal, hinter dem wir uns nach rechts ausrichten und auf die **Straße Zum Purren** einordnen. Nun laufen wir auf dieser rund 500 Meter und erkennen bald auch schon den **Aussichtspunkt Purren** ❸, der hoch über Litzelstetten liegt. Hier genießen wir den Blick auf den Bodensee und das gegenüberliegende Ufer und legen auf den bequemen Bänken eine Rast ein, verspeisen unseren Rucksackproviant und lassen die Sonne in unser Gesicht scheinen.

Für die Seele

Sonnenstrahlen glitzern auf dem Bodensee und bannen unseren Blick, während wir am Purren unser Vesper genießen und die Sonnenstrahlen wohlig auf der Haut spüren.

Ausgeruht und gestärkt starten wir unseren weiteren Weg. Wir orientieren uns an der Markierung „Querweg Freiburg-Bodensee", einer weiß-roten Raute auf gelbem Untergrund, in Richtung St. Katharina. Wir passieren Felder und Wiesen bis zur asphaltierten Straße **Torkelbergstraße.** An der Kreuzung halten wir uns rechts und passieren einen Bau-

Wald beim Mühlweiher

Durch den Mainauwald

ernhof und die Reitanlage Zum Guckenbühl. An den Paddockboxen der Reitanlage und deren interessierten Bewohnern vorbei, kommen wir jetzt in den Wald. Wir genießen den weichen Waldboden unter unseren Füßen und stoßen nach rund 500 Metern auf den Mühlweiher, der etwas versteckt zwischen den Bäumen auf unserer rechten Seite liegt.

Hinter dem **Mühlweiher** ❹ folgen wir nun wieder der gelben Raute Richtung Insel Mainau und erreichen nach rund 800 Metern den **Waldparkplatz Entengraben.** Hier überqueren wir die gut befahrene Straße **L 221** und halten uns links. Nach rund 100 Metern auf dem Fußweg gehen wir nach rechts in den Mainau-Wald hinein und orientieren uns an der Beschilderung „Biergarten St. Katharina, Erlebniswald Mainau". Zwischen hohen Nadelbäumen hindurch geht es immer sanft bergan. Auf dem Weg zum Biergarten, dem sogenannten „Sinnespfad", können wir verschiedene Dinge über den Wald in Erfahrung bringen und unser Wissen auf spielerische Art erweitern – über verschiedene Klänge der Stämme und Gehölze bis hin zur Vegetation. Auf unserer linken Seite erkennen wir nach wenigen Hundert Metern bereits den **Kletterwald** ❺ und wenige Schritte weiter liegt der **Biergarten St. Katharina** ❻ an der Stelle eines ehemaligen Klosters inmitten einer Lichtung des Mainau-Waldes.

Zwetschgen-Streuselkuchen in St. Katharinen

Entschleunigungstour 17

Das Konvent der heiligen Katharina war ein ehemaliges Frauenkloster des Ordens der Eremiten des heiligen Augustinus. Der erste Nachweis des Frauenklosters geht auf das Jahr 1436 zurück. Das Kloster wurde in den folgenden Jahrhunderten erweitert, bis es 1809 geschlossen wurde. 1853 hat man es dann zu einer Gastwirtschaft umgestaltet.

Bei einer Wurst frisch vom Grill mit einem Bier oder einem Stück Kuchen und einer Tasse Kaffee genießen wir die Sonne in dem alten Innenhof, bevor wir uns wieder auf den Weg zurück zur Insel Mainau machen. Wir umrunden St. Katharina auf den angrenzenden Waldwegen und begeistern uns für die Perspektivenwechsel auf der Lichtung. Nun geht es im Wald hinab, zunächst sanft, später etwas steiler, dem „Sinnespfad" folgend Richtung Insel Mainau. An der Ampel überqueren wir die **L 219** und sehen den Parkplatz der **Insel Mainau** ❶ bereits vor uns liegen.

Hier können wir nun entscheiden, ob wir der Blumeninsel im See noch einen Besuch abstatten und die verschiedenen Parkanlagen bestaunen oder ob wir unsere Tour für heute hier beenden.

Alles auf einen Blick

WIE & WANN:
Kies-, Schotter-, Wald- und Feldwege, einige asphaltierte Straßen; eine ganzjährige Wanderstrecke

HIN & WEG:
Auto: Parkplatz bei der Insel Mainau (GPS: 47,700180N 9,1845970)
ÖPNV: Bus der Ringlinie 4/13 sowie 13/4 ab Konstanz Bf. über Litzelstetten, Wallhausen, Dingelsdorf und Dettingen, hält nahe dem Eingang der Insel Mainau

ESSEN & ENTSPANNEN:
Strandbistro Litzelstetten ❷ Am See 44, 78465 Konstanz, Tel. (0 75 31) 94 24 79 (in der Badesaison 15. Mai–15. Sept. tägl. 10–23, 1. Apr.–Mitte Okt. bei schönem Wetter ebenfalls 10–23 Uhr, Öffnungs- und Schließzeiten können wetterbedingt abweichen.)
Biergarten St. Katharina ❻ 78465 Insel Mainau, Tel. (0 75 31) 3 61 36 67 (Juli– Sept. Mo.–So. 12–21, Sept./Okt. Sa./So./Feiertage 12–17, Herbstferien Mo.–So. 12–16 Uhr, bei Unwetter oder an regenreichen Tagen kann es zur vorzeitigen Schließung kommen. Im Zweifelsfall ist eine telefonische Rücksprache möglich.)

ENTDECKEN & ERLEBEN:
Insel Mainau ❶ 78465 Insel Mainau, Tel. (0 75 31) 3 03-0 (ganzjährig tägl. von Sonnenaufgang bis Sonnenuntergang; Schmetterlingshaus Mitte März–Mitte Okt. 10–19, sonst 10–17, Palmenhaus ganzjährig 9–max. 21, Schloss Mainau mit Ausstellung 10–17 Uhr)
Aussichtspunkt Purren ❸
Mühlweiher ❹

Entspannung ✸✸✸✸✸
Genuss ✸✸✸✸✸
Romantik ✸✸✸✸✸

Kletterwald Mainau ❺ 78465 Insel Mainau, Tel. (0 75 31) 3 61 36 67 (Juli–Sept. meist Mo.–So. 12–20, Sept./Okt. Sa./So./Feiertage 12–18, Herbstferien tägl. 12–18 Uhr, Sicherheitseinweisung bis 16.30 Uhr immer zur vollen und zur halben Stunde. Freie Plätze werden bis zu einer Viertelstunde vor Beginn der Sicherheitseinweisung vergeben. Der Kletterwald ist bei Sturm oder Gewitter geschlossen. Im Zweifelsfall ist eine telefonische Rücksprache möglich.)

An der Seepromenade Langenargen

* 19,9 Kilometer
* 150 Höhenmeter
* 6 Stunden
* Strecke

Erfrischungstour 18

Unsere Wanderung durch das Eriskircher Ried und entlang der Argen beginnen wir am Parkplatz am Bahnhof von **Eriskirch.** Wir gehen dann direkt vorbei am **Naturschutzzentrum** ❶, bis wir auf die **Seestraße** stoßen. Dieser folgen wir, auch entlang des Rechtsknicks der Straße, überqueren die Bahngleise am beschrankten Bahnübergang und laufen weiter auf dem mit einer gelben Raute markierten Wanderweg in Richtung Eriskircher Ried. Kurz hinter dem Bahnübergang betreten wir auf einem Kiesweg das Naturschutzgebiet Eriskircher Ried. An der nächsten Kreuzung gehen wir auf dem Kiesweg, der mit dem Zeichen des Bodensee-Rundwegs markiert ist, nach links in Richtung Langenargen. Wer möchte und früh unterwegs ist, kann hier noch einen kleinen Abstecher nach rechts unternehmen und 600 Meter bis zum Aussichtspunkt laufen und wieder zurück (etwa 30 Minuten extra einplanen). Wir wandern durch lichten Wald, immer wieder mit Aussicht auf Wiese und Schilf. Letzteres legt nahe, dass die Wiesen, sogenannte Streuwiesen, vor unseren Füßen nicht so trocken sind, wie sie auf den ersten Blick wirken.

Nach etwa 1 Kilometer kommen wir an eine kleine, asphaltierte Brücke, mit deren Hilfe wir die **Schussen** ❷ relativ nahe an ihrer Mündung in den Bodensee überqueren. An deren Ufer wächst Auenwald. Hinter der Brücke biegen wir nach rechts ab und gelangen nach wenigen Metern nach Langenargen. Vorbei geht es an blühenden Bäumen zu unserer

Im Sommer ist der Wasserstand des Bodensees oft so hoch, dass die seenahen Wiesen überflutet werden. Daher können diese Wiesen erst im Herbst oder Winter gemäht werden. Das Heu ist dann meist sehr hart, weshalb es früher meist nur als Einstreu in den Ställen diente. Diese Wiesen wurden nicht gedüngt, was den Artenreichtum fördert. Heute werden die Streuwiesen nicht mehr genutzt, aber gepflegt, sodass der Artenreichtum erhalten bleibt.

Lichtspiele
Eriskircher Ried entlang der Argen

Erfrischungstour 18

rechten und einer Lamaherde auf unserer linken Seite weiter in Richtung Langenargen. Wir biegen nach rechts auf den Schussenweg ab, an dessen Ende halten wir uns links und laufen die Untere Seestraße entlang. Nach 100 Metern entlang der Unteren Seestraße befindet sich eine rot-weiße Schranke auf unserer rechten Seite und hinter dieser beginnt ein Waldpfad, den wir entlanggehen. Hier grüßen uns purpurne Waldnesseln. Der Pfad windet sich nach links und wir folgen diesem rund 300 Meter. Der Pfad endet direkt am Strand, von dort haben wir einen tollen Blick über den See in Richtung österreichische Berge und rückwärts gerichtet nach Friedrichshafen. Wir gehen nun direkt am Strand entlang bis zu den Seewiesen, dort treffen wir auch wieder auf die Untere Seestraße. Auf dieser laufen wir für rund 1,5 Kilometer – vorbei am Strandbad – bis zum Aussichtspunkt Schlossblick. Von diesem haben wir einen herrlichen Blick auf das nahe gelegene Schloss Montfort ❸.

Schloss Montfort

Eriskircher Ried entlang der Argen

Vorbei geht es am **Kavalierhaus** ❹, durch den Park mit seinem riesigen Mammutbaum, direkt auf das Schloss zu. Bei schönem Wetter kann man in den Sommermonaten auch den Turm des Schlosses besteigen – es bietet sich eine atemberaubende Rundumsicht über den Bodensee. Wir gehen weiter durch den Schlosspark, direkt am See entlang, vorbei an der barocken **Pfarrkirche St. Martin** ❺ und dem Schiffsanleger. Wir bewundern die wunderschön bepflanzten Blumenbeete und genießen das Panorama über den See.

Am Ende der **Seepromenade** laufen wir nach links in den Bleichweg, biegen nach etwa 250 Metern nach rechts in den **Argenweg** ein und orientieren uns an der Beschilderung in Richtung Argensteg. Am Parkplatz des Yachthafens halten wir uns links und gelangen so in das Naturschutzgebiet Argen. Die Argen ist einer der letzten Wildwasserflüsse in Baden-Württemberg und glänzt mit einer einzigartigen Tier- und Pflanzenwelt. Nach etwa 400 Metern überqueren wir die Argen auf dem **Argensteg** und erkennen auf der Brücke auch die Mündung in den Bodensee, vor der Mündung tummeln sich die Segelboote vor einem eindrücklichen Alpenpanorama. Das Wasser der Argen ist hier so klar, dass wir unter uns sogar einige Fische – wahrscheinlich Seeforellen – beobachten können.

Hinter dem Argensteg halten wir uns links und folgen nunmehr wieder der gelben Raute in Richtung Kabelhängebrücke. Unser Weg führt uns durch Auenwald immer an der Arge entlang, die neben uns

Im 14. Jahrhundert erbauten die Grafen von Montfort an dieser Stelle eine Burg. Als die Herrschaft der Grafen zusammenbrach, verfiel die Burg. Nachdem Langenargen württembergisch wurde, ließen König Wilhelm I. und sein Sohn Karl I. an gleicher Stelle 1866 das Schloss Montfort errichten. Analog zur Wilhelma in Stuttgart wurde es im maurischen Stil gebaut.

❀ Für die Seele

Im Schatten des Auenwaldes wandern wir entlang der Argen, die mal geruhsam, mal etwas schneller neben uns her fließt – das Spiel zwischen Licht und Schatten verleiht uns eine einzigartige Leichtigkeit.

Erfrischungstour 18

> *Die Kabelhängebrücke über die Argen ist die älteste Kabelhängebrücke Deutschlands. Sie wurde 1896/97 errichtet und hat eine Spannweite von 72 Metern. Bei ihrem Bau war der Schweizer Othmar Hermann Ammann Praktikant. Er plante und erbaute später die George-Washington-Brücke in New York (Spannweite 1067 m) und war Berater beim Bau der Golden Gate Bridge in San Francisco (Spannweite 1281 m).*

mal ruhiger und durch Steinbrücken mal etwas tosender und schneller dahinfließt. Nach etwa 1 Kilometer erreichen wir die **Kabelhängebrücke 6**, ein eindrucksvolles Bauwerk. Hier überqueren wir die Straße und gehen weiter am Argenufer entlang.

Auf unserer linken Seite fließt die Argen, auf unserer rechten Seite passieren wir blühende Apfelbaumplantagen. Nach wiederum 1 Kilometer kommen wir an eine rote Brücke – die **Oberdorfer Brücke.** Hier überqueren wir wieder die Straße und folgen der Beschilderung in Richtung Gießenbrücke.

Nach 2,5 Kilometern erreichen wir die **Gießenbrücke,** die wir überqueren. Auf der rechten Seite befindet sich das **Gasthaus Zum Zollhaus 7**. Im Garten unter den Sonnenschirmen genießen wir bei Kaffee und selbst gebackenem Kuchen das schöne Wetter und ruhen unsere Füße ein bisschen aus. Nach ausgiebiger Pause gehen wir bis zur Gießenbrücke zurück, die wir diesmal jedoch nicht überqueren, sondern auf den Kiesweg nach rechts abbiegen und den Rückweg nach Langenargen antreten. Aber ganz so schnell möchten wir gar nicht zurück, denn entlang des Ufers können wir unsere Seele einfach baumeln lassen und die unterschiedlichen Aussichten auf den Fluss genießen. Nach 2,5 Kilometern erreichen wir wieder die Oberdorfer Brücke, hier verlassen wir das Argenufer und folgen der gelben Raute bzw. dem Argenpfad (blau/grün markiert) in Richtung Langenargen. Nun geht es durch die blühenden Apfelplantagen, später am Mühlbach entlang, weiter Richtung Langenargen. Wir überqueren die **Kanalstraße,** gehen entlang der **Franz-Josef-Krayer-Straße,** dann leicht links haltend in die Straße **Mühlesch.** Auf dieser laufen wir bis zu den Bahngleisen rund 400 Meter, überqueren diese jedoch nicht, sondern biegen nach rechts in

Erfrischungstour 18

den **Öschweg** ein. Dem Öschweg folgen wir nun für rund 500 Meter, dann überqueren wir die Gleise mittels einer Fußgängerbrücke und erreichen auf der anderen Seite dann nach nochmals rund 200 Metern den **Bahnhof von Langenargen.** Dort angekommen, steigen wir in den Zug, der uns zurückbringt an unseren Ausgangspunkt – den Bahnhof von Eriskirch. Auf der kurzen Bahnfahrt halten wir inne und sehen vor unserem inneren Auge die blühenden Obstbäume, die Argen, das Schloss Montfort und das traumhafte Bodenseepanorama. Alles in allem eine tolle Tour und ein gelungener Tag.

Alles auf einen Blick

WIE & WANN:
Feld- und Waldwege, wenige asphaltierte Straßen. Beste Wanderzeit ist von April bis Oktober.

HIN & WEG:
Auto: Parkplätze am Bahnhof von Eriskirch (GPS: 47,628105N 9,5274140)
ÖPNV: Mit dem Zug bis Eriskirch Bf.

ESSEN & ENTSPANNEN:
Gasthaus Zum Zollhaus ❼ Gießenbrücke 1, 88079 Kressbronn, Tel. (0 75 43) 87 45, www.gasthauszumzollhaus.de (tägl. ab 10.30 Uhr, Do. Ruhetag)
Verschiedene Restaurants und Cafés in Langenargen

ENTDECKEN & ERLEBEN:
Naturschutzzentrum ❶ Bahnhofstraße 24, 88097 Eriskirch
Schussen ❷
Schloss Montfort ❸ Untere Seestraße 3, 88085 Langenargen
Kavalierhaus ❹ Untere Seestraße 7, 88085 Langenargen
Pfarrkirche St. Martin ❺ Marktplatz 7, 88085 Langenargen
Kabelhängebrücke ❻

Entspannung ✶✶✶✶✶
Genuss ✶✶✶✶✶
Romantik ✶✶✶✶✶

Oberhalb Maria im Stein

- ✺ 14,8 Kilometer
- ✺ 285 Höhenmeter
- ✺ 5 Stunden
- ✺ Rundweg

Erfrischungstour 19

Wir beginnen unsere Rundwanderung am Parkplatz am Ortsrand von **Lippertsreute.** Die Nachbarorte Owingen und Ernatsreute liegen wenige Kilometer entfernt. Direkt an der Einfahrt zum Parkplatz befindet sich auch die Bushaltestelle Lippertsreute/Wackenweiler Straße.

Von der Bushaltestelle wandern wir wenige Schritte entlang der Straße leicht bergab und biegen an der ersten Kreuzung nach links in die **Kreuzstraße** ein. Zuerst führt uns der Gehweg durch das Wohngebiet leicht bergauf. Unter einem Holzbalkon fällt uns eine Miniatur auf. Ein Leuchtturm steht dort auf einer kleinen Bank neben der Haustüre. Es ist immer wieder schön zu sehen, mit welchem Ideenreichtum und Geschick die Eigentümer ihre Eingangsbereiche schmücken. So wandern wir froh gelaunt aus der Ortschaft Lippertsreute hinaus und laufen auf der Straße nach rechts auf den **Schellenberg.** Vor uns liegt das gleichnamige Hofgut und Landhotel. Unser Wanderweg leitet uns links am Hofgut vorbei in Richtung Hohenbodman in eine Obstplantage. Wir freuen uns über das weiche Gras unter unseren Wanderschuhen, durchschreiten einen Weidenzaun, folgen den gelben Wanderwegzeichen zuerst nach rechts, gleich darauf nach links, um so die Streuobstwiese zu umrunden. Durch eine rote Gittertüre verlassen wir die Apfelplantage und gehen am Rande eines Feldes weiter in einem leichten Linksbogen. Unser Zwischenziel Hohenbodman und das Zeichen

Äpfel & Geschichte(n)
Entlang der Aach

Aussichtsturm Hohenbodmann

Entlang der Aach

für den Aussichtsturm ist auf den Wegweisern sehr gut markiert. Am Ende des großen Feldes wenden wir uns nach rechts und wandern durch den Hebsackhof. Der riesige alte Stall ist im unteren Bereich traditionell aus Sandstein gemauert. In einem der weichen Sandsteine entdecken wir ein Herz. Der Kiesweg leitet uns nach dem Hebsackhof nach links. Am Ortseingang von Ernatsreute begrüßen uns zu unserer Linken tibetische Fahnen an einem Wohnhaus.

Unmittelbar danach biegen wir rechts auf den Gehweg neben der Hauptstraße ein, um diese 100 Meter später nach links in die Straße Im Öschle zu verlassen. Vorbei an gepflegten Häusern und Vorgärten geht es am Ende der Straße Im Öschle rechts aus Ernatsreute hinaus. Beim Überqueren der Landstraße ist Vorsicht geboten. Wenige Schritte nach der Querung wenden wir uns nach rechts in Richtung Aussichtsturm Hohenbodman . Dieser ist nun schon sehr deutlich über uns sichtbar und der Ortschaft etwas vorgelagert. Dieses Wegstück ist gleichzeitig die Zufahrtsstraße zu der Ortschaft Hohenbodman und besitzt leider keinen eigenen Gehweg. Wir werden aber von Feldern flankiert. Im Sommer schauen wir links und rechts auf Getreidefelder. Gut gelaunt wandern wir auf der Straße etwa 900 Meter bergauf. Da wir das Tempo der Steigung anpassen, können wir uns immer noch locker unterhalten. Spätestens in der S-Kurve unterhalb des Waldrandes schauen wir auf einen Teil unseres Weges zurück und ganz automatisch auch auf die hohen Berge der Alpen, die bei klarer

Der Aussichtsturm ist der Rest der Burg Hohenbodman. Diese wurde im Dreißigjährigen Krieg zerstört. Der Turm hat eine Höhe von 37 Metern, wurde 1876 von der Stadt Überlingen zum Aussichtsturm umgebaut und 1999 aufwändig saniert. Wenn der Turm geschlossen ist, erhält man einen Schlüssel im Gasthaus Adler im Ort Hohenbodman.

 Für die Seele

An diesem ganz besonderen Ort dürfen auch wir uns etwas wünschen. Viele Votivtafeln belegen die Hilfegesuche, die erfüllt wurden.

Erfrischungstour 19

Die uralte Sommerlinde wurde 1939 von dem Landkreis Überlingen auf der Liste der Naturdenkmäler aufgeführt. Die Linde zählt zu den Bäumen mit dem größten Umfang in ganz Deutschland.

Sicht über den Bodanrück sehr deutlich hinausragen. Wir sind sehr gespannt, wie viel mehr wir von der Spitze des Aussichtsturmes erkennen werden. Am Ortseingang von Hohenbodman gehen wir rechts die wenigen Meter auf Kies zu dem runden Turm hinauf. Hier gibt es auch einen schönen, überdachten Sitzplatz mit Grillmöglichkeit.

Doch wir wollen jetzt zuerst hoch auf den Turm, der ursprünglich aus dem 12. Jahrhundert stammt und ein Teil der Burg Hohenbodman war. Die Wände sind bis zu 3,20 Meter dick, der Umfang des Turmes beträgt hier am Boden 28 Meter. Eine 75 Zentimeter breite, beleuchtete Wendeltreppe führt uns nach oben. Zuerst sind die Stufen aus Holz, später aus Stein. Die letzte Stiege ist wieder aus Holz und nachdem wir die 138 Stufen hinter uns gebracht haben, ist die Aussichtsplattform erreicht. Traumhaft, diese Aussicht. Bei klarem Wetter ist es möglich, von der Zugspitze im Osten bis zu den 4000ern ins Berner Oberland zu schauen. Und das Beste: Hier oben gibt es ein Fernrohr, das die Namen der Berge anzeigt. Das haben wir bisher noch nicht erlebt!

Natürlich genießen wir alle das Alpenpanorama in vollen Zügen, um dann sehr beeindruckt wieder über die 138 Stufen abzusteigen und den Turm zu verlassen. Obwohl unsere Rucksäcke gefüllt sind mit Vesper, haben wir Lust auf einen frischen Kaffee. Und da heute Sonntag ist, können wir uns diesen Wunsch auch erfüllen. Deshalb gehen wir den Kiesweg zurück zur Straße und folgen dem Wegweiser in Richtung Ortsmitte Hohenbodman zum **Gasthof Adler** ❷ in der Lindenstraße. Hier in der Lindenstraße steht auch noch ein Naturdenkmal. Eine rund 11 Meter hohe **Sommerlinde** ❸. Diese ist verschiedenen Schätzungen zufolge zwischen 800 und 1000 Jahre alt. Der Stammumfang des „Championtree", wie die Linde

Entlang der Aach

bei der Deutschen Dendrologischen Gesellschaft genannt wird, beträgt stattliche 10 Meter.

Bei dem herrlichen Wetter heute nehmen wir im schattigen Biergarten Platz und genießen unseren Kaffee. Auch der frischen Kuchentheke konnten wir uns nicht verweigern. Der Apfelkuchen ist sehr zu empfehlen. Frisch gestärkt setzen wir unsere Wanderung fort. Wir folgen der Lindenstraße in Richtung Taisersdorf und wandern so entspannt aus dem gemütlichen Hohenbodman hinaus. Die Asphaltstraße führt uns 1,5 Kilometer ständig leicht bergab und wechselt bald zu einem breiten Feldweg in einen Wald hinein. Die kleinen, gelben Wanderwegschilder sind hier eine vorbildliche Orientierungshilfe. An der nächsten Abzweigung halten wir uns links in Richtung Taisersdorf. Diese Schleife ist sehr lohnend, denn schon kurz nach der Abzweigung sehen wir rechts des Weges sehr große Horste mit Märzenbechern.

Flauschiges Moos

Wir verlassen den Landwirtschaftsweg an der nächsten Abzweigung nach rechts, immer noch in Richtung Taisersdorf. Super! Jetzt haben wir wieder einen richtig schönen Wanderweg unter den Füßen. Kurz nach der Abzweigung überqueren wir das Flüsschen Aach über eine Brücke. Das Geländer auf der rechten Seite ist gut als Handlauf zu nutzen. Direkt nach der Brücke sind im Frühling noch einmal zahlreiche Horste mit Märzenbechern zu sehen. Unser Wanderweg schlängelt sich abwechselnd durch den Wald und an dessen Rand entlang und verbreitert sich wieder zu einem Feldweg. An der folgenden Abzweigung wenden wir uns nach rechts Richtung Lippertsreute, unserem Ausgangspunkt. Doch die nächsten 5 Kilometer haben noch einiges zu bieten. Zunächst wandern wir auf dem guten Feldweg weiter. Rechts unter uns sehen wir ein Stauwehr mit dem dazugehörigen Hochwasser-Rückhalte-

Erfrischungstour 19

becken ❹. Es schützt das Salemer Tal mit einem Volumen von über 1 Million Kubikmeter vor Hochwasser. Der Aachtobel, der direkt unter dem Rückhaltebecken beginnt, ist zurzeit leider nicht begehbar. Deshalb setzen wir unsere Tour an der nächsten Abzweigung halbrechts in Richtung Elisabethenhof fort. Nicht aber, ohne die dick mit Moos bewachsene Mauer rechts der Abzweigung „unter die Finger" zu nehmen. Das Moos ist flauschig weich und sicher 1,5 Zentimeter dick. Nach einem weiteren Rechtsknick bringt uns der Weg kurz aus dem Wald hinaus an die Landstraße nach Lippertsreute. Bei klarer Sicht können wir am Horizont erneut die Alpen sehen. Wir folgen aber sofort dem Feldweg nach rechts in Richtung Elisabethenhof, ohne die Landstraße zu benutzen. Kurz durch den Wald, dann zwischen Apfelplantagen hindurch. In diesen Plantagen, die meistens Mitte Mai in voller Blüte stehen, werden überwiegend Evelina-, Elstar- und Malus-Äpfel angebaut. Diese „Kultur-Apfelsorten" sind aus Kreuzungen von verschiedenen Wildapfelsorten entstanden. Die Schale hat eine schöne, rote Farbe.

Der Feldweg bringt uns nun direkt zur Landstraße. Der Elisabethenhof liegt rechts von uns. Wir laufen für 200 Meter auf der Landstraße, um sie dann nach rechts in Richtung Wallfahrtsort Maria im Stein zu verlassen. Die asphaltierte Straße führt uns wieder zwischen Obstplantagen zu den Steinhöfen. Die handgeschriebenen Wegweiser „zum Wallfahrtsort Maria im Stein" leiten uns durch den Hof und dann links zwischen zwei Scheunen in den Wald. Anfänglich geht es bergab über breite, gepflasterte Stufen, links von einem Holzgeländer flankiert, dann wieder über gepflegten Wanderweg. Staunend stehen wir plötzlich vor einer recht hohen Sandsteinwand. Vor langer Zeit muss das Flüsschen Aach diesen Bereich „freigewaschen" haben. Die verschiedenen Sandsteinschichten sind genau zu erkennen. Wir folgen dem Weg die restlichen Meter entlang der Mauer.

Die Frühlingsknotenblume, im Volksmund auch Märzenbecher oder großes Schneeglöckchen genannt, wird 10 bis 30 Zentimeter groß. Sie benötigt feuchte und nährstoffreiche Böden. Die Laubblätter werden bereits im Frühsommer wieder eingezogen.

Der Apfel ist in Deutschland das Obst, das am weitesten verbreitet ist. Der Apfelbaum liebt hohe Luftfeuchtigkeit und bevorzugt lehmigen, feuchten Boden.

Entlang der Aach

Maria im Stein

Rechts hinter der nächsten Abzweigung liegt dann der **Wallfahrtsort Maria im Stein** 5 vor uns.

Im 18. Jahrhundert entwickelte sich hier in Maria im Stein ein sehr beliebter Wallfahrtsort, der Anfang des 19. Jahrhunderts wieder aufgelöst wurde.

Das Gnadenbild der „Trösterin der Betrübten" ist heute in der Pfarrkirche „Zur lieben Frau" in Lippertsreute zu sehen. Die Kapelle, so wie wir sie heute vorfinden, wurde nach dem Zweiten Weltkrieg wieder aufgebaut. Unterhalb der Kapelle ist eine Quelle. Dieses Wasser gilt als Heilwasser. Deshalb kommen viele Wallfahrer auch heute noch hierher und füllen sich etwas Wasser in ihre Flaschen.

Natürlich nutzen wir diesen einladenden Ort mit den Bänken vor der Kapelle, um zu rasten und uns zu stärken. Es ist sehr schön, hier zu sitzen und die ganz

Der Sage nach wurde „Maria im Stein" von Albero von Bodman erbaut. Er nahm am Kreuzzug von Damiette teil und kam in türkische Gefangenschaft. Nach geglückter Flucht löste er sein Gelöbnis an die Mutter Gottes ein und errichtete diesen Wallfahrtsort.

Erfrischungstour 19

besondere Atmosphäre zu genießen. Zum Abschied nehmen wir diese Eindrücke tief in uns auf und setzen unsere Wanderung für die Seele fort. Der Pfad führt uns sanft bergab in Richtung Lippertsreute.

Abwechslungsreich und erfrischend wandern wir entlang der Aach, die zuerst noch rechts von uns fließt. Wir überqueren nun das Flüsschen auf einer sehr stabilen Holzbrücke. Das massive Geländer auf beiden Seiten ist sogar tauglich für Turnübungen. Der Wanderweg leitet uns kurz auf den Feldweg zurück und führt uns sehr nahe an der Aach entlang, die jetzt links von uns verläuft. 100 Meter später wenden wir uns nach rechts und gelangen über kleine Holzstege und Waldwege aus dem Wald hinaus auf eine kleine Wiese. Diese überqueren wir, steigen einige Stufen hinauf und laufen auf der schmalen, asphaltierten Straße. Diese führt uns die letzten 1,2 Kilometer vorbei an einem Gehege mit Ziegen, Wiesen und vereinzelten Wohnhäusern nach Lippertsreute zurück. In Lippertsreute folgen wir der **Hebsackstraße** in Richtung Ortsmitte. Wir biegen dann rechts in die **Bruckfelder Straße** ein, die uns schließlich in die **Hauptstraße** bringt. Leicht bergauf, dem Gehweg folgend, fällt uns ein sehr schönes, sehr großes Fachwerkgebäude ins Auge. Auf dem Dach befindet

sich eine kleine Tonfigur. Ein lachender Koch, der uns mit einem Kochlöffel in der rechten Hand freundlich winkt. Der über 300 Jahre alte **Landgasthof Zum Adler** ❻ lädt uns ein, in seinem Biergarten Platz zu nehmen. Im Inneren des Landgasthofes stünden uns auch noch verschiedene gemütliche Stuben zur Auswahl, um die badisch genussvolle Speisekarte an den schönen Ahorntischen zu genießen. Die **Pfarrkirche Unsere liebe Frau** ❼ ist nur 100 Meter von hier entfernt. Sie ist über den **Kirchweg** zu erreichen.

Das Apfelzügle

Hof Neuhaus

Erfrischungstour 19

Nach dieser Stärkung gehen wir die letzten 200 Meter der Hauptstraße leicht bergauf zurück zum Parkplatz und der Bushaltestelle.

Eine besondere Rundfahrt durch die Geschichte der Äpfel ist auf dem Hof Neuhaus ❽ möglich. Dieser liegt 1,5 Kilometer von unserem Parkplatz entfernt. Die idyllische Rundfahrt im Apfelzügle, vereint mit viel Information rund um den Apfel und vieles darüber hinaus, ist ein absoluter Geheimtipp. Das reichhaltige Vesper im Anschluss ist Teil der Rundfahrt. Diese Rundfahrten sind nur nach Voranmeldung möglich!

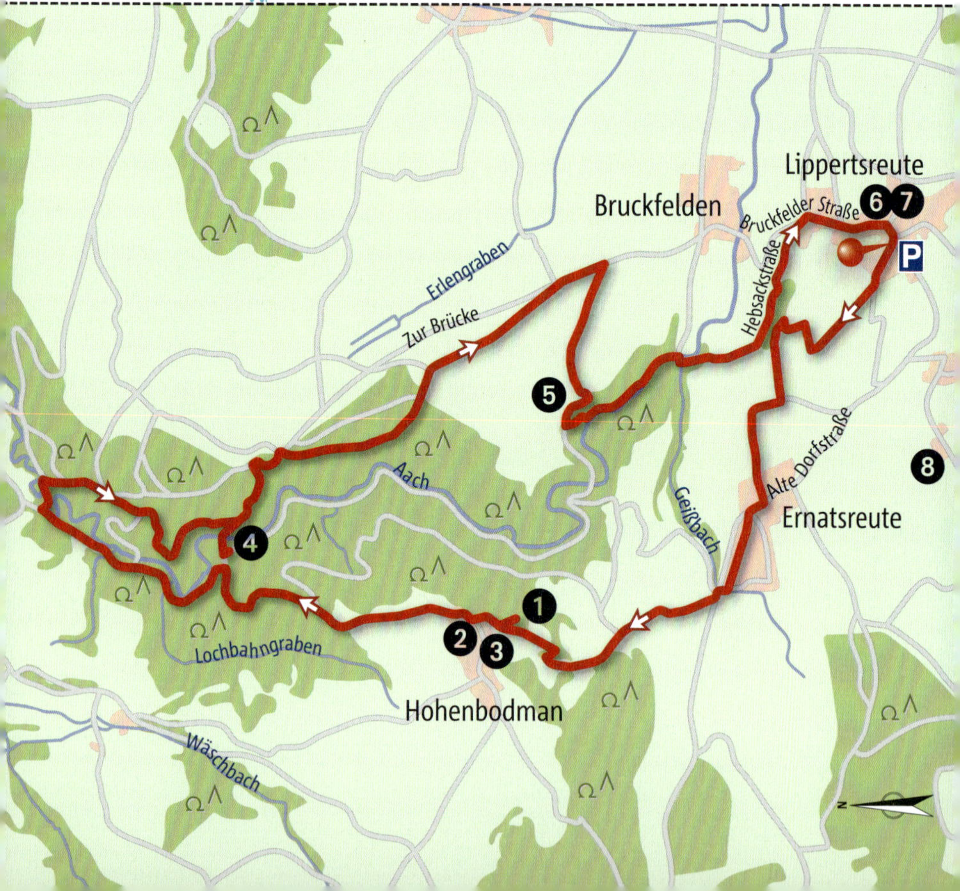

Alles auf einen Blick

WIE & WANN:
Wiesen und Landwirtschaftswege, Pfade, Forstwege und -straßen.
Beste Wanderzeit ist von März bis November.

HIN & WEG:
Auto: Parkplatz in 88662 Lippertsreute am Ortsrand von Owingen/Ernatsreute
(GPS: N47°48,211 E9.14.166)
ÖPNV: Buslinie 7379 von Überlingen am See nach Lippertsreute

ESSEN & ENTSPANNEN:
Gasthof Adler ❷ Lindenstraße 25, 88696 Owingen-Hohenbodman,
Tel. (0 75 57) 2 41, http://adler-hohenbodman.eu
(Di./Mi./Fr./Sa. 17–24, So. 10–24 Uhr, Mo./Do. Ruhetag)
Landgasthof Zum Adler ❻ Hauptstraße 44, 88662 Überlingen-Lippertsreute,
Tel. (0 75 53) 8 25 50, www.adler-lippertsreute.de (11.30–14 u. 17.30–21 Uhr, Mi./Do. Ruhetag)
Hof Neuhaus ❽ Bamberger Straße 41, 88662 Überlingen-Lippertsreute,
Tel. (0 75 51) 6 24 26, www.hof-neuhaus.de (Apfelzügle tägl. außer Mo.,
 nur nach Voranmeldung ab 25 Personen; Hofladen Mo.–Sa. 9–18 Uhr)

ENTDECKEN & ERLEBEN:
Aussichtsturm Hohenbodman ❶ Turmstraße, 88696 Owingen-Hohenbodman
Sommerlinde ❸ Lindenstraße, 88696 Owingen-Hohenbodman
Hochwasser-Rückhaltebecken ❹
Wallfahrtsort Maria im Stein ❺
Pfarrkirche Unsere liebe Frau ❼ Kirchweg, 88662 Überlingen-Lippertsreute

Entspannung ✸✸✸✸✸
Genuss ✸✸✸✸✸
Romantik ✸✸✸✸✸

Herrliche Sichten im Hörle Park

- ✼ 8,9 Kilometer
- ✼ 30 Höhenmeter
- ✼ 2,5 Stunden
- ✼ Strecke

Erfrischungstour 20

Wir starten unsere Wanderung am **Parkplatz an der Autofähre Konstanz–Meersburg.** Von dort gehen wir die **Schiffstraße** hinunter, lassen die beiden Anleger der Autofähre Konstanz–Meersburg auf unserer linken Seite liegen. An den beiden Anlegern vorbei, überqueren wir die Straße Richtung „Hotel Schiff" und entdecken vor uns bereits den **Staader Fährhafen.** Dort beobachten wir die großen und kleinen Segelboote, die hier ein- und auslaufen.

Direkt gegenüber dem Fährhafen liegt das **Fischhaus am Fährhafen** ❶. Hinter diesem geht es kurz etwas steiler die **Fischerstraße** bergan. Oben angekommen, biegen wir links in den **Haltnauer Weg** ein. Hier müssen wir für kurze Zeit auf eine direkte Sicht auf den See verzichten. Dann erreichen wir jedoch den Eingang zum **Hörle Park** ❷, der den direkten Blick auf den Bodensee wieder freigibt. Mit seinem alten Baumbestand kann man hier auch an heißeren Tagen den kühlen Schatten genießen und im Herbst die gelben Blätter der Bäume im Sonnenlicht bewundern. Im Park finden wir viele Bänke, die zum Ausruhen einladen. Hier lassen wir den Blick über den Bodensee schweifen, beobachten die unzähligen Segelboote und lassen unsere Seele baumeln.

Von nun an wandern wir immer am **Bodenseeufer** entlang. Entlang des Ufers wächst der seltene Strandrasen, der dem Bodenseeufer Stabilität und Festigkeit verleiht.

Auf unserem Kiesweg lassen wir das Rugby-Spiel-

Der Strandrasen ist heute am Bodenseeufer auf wenige kiesige Stellen beschränkt. Durch die Kleinwüchsigkeit und die Fähigkeit zur vegetativen Verbreitung sind seine Arten optimal den natürlichen Wasserstandsschwankungen angepasst. Typische Arten sind Bodensee-Vergissmeinnicht, Strandschmiele, Strandling und Ufer-Hahnenfuß.

Genießen & Staunen
Entlang des Konstanzer Bodenseeufers

Am Hörnle

**Entspannung im
Café Restaurant Hörnle**

Entlang des Konstanzer Bodenseeufers

feld, die Segelschule sowie das *Wasserwerk* der Stadtwerke zu unserer Rechten liegen. Wer möchte, kann sich am Wasserwerk bei dem kleinen Brunnen mit Trinkwasser erfrischen. Wir gehen weiter geradeaus in den *Lorettowald* ❸. Mit ein bisschen Glück beobachtet man hier die Eichhörnchen beim Turnen in den Bäumen. Wir orientieren uns jetzt an der Markierung des Bodensee-Wanderwegs, einem blauen Kreis mit schwarzem Pfeil. Auf diesem Wegabschnitt nutzen wir eine der zahlreichen Bänke mit Blick auf den Bodensee für eine kleine Ruhepause, bevor wir uns am Ende des Waldes nach links orientieren und in das *Strandbad Horn* ❹ eintreten, das wir auf unserem Weiterweg durchqueren. Optional können wir uns hier mit einem Bad im klaren Wasser des Bodensees und einem kurzen Ausflug auf eine der vorgelagerten Badeinseln für den weiteren Weg erfrischen. Nicht nur Schwimmer schätzen die hölzernen Badeinseln am Strandbad, auch die Wasservögel machen es sich dort bequem und genießen die Sonnenstrahlen auf ihrem Gefieder, allen voran die Kormorane.

Kormorane sind sehr gesellige Tiere, die an das Wasser gebunden sind. Sie jagen Fische bei Tauchgängen bis zu 1 Minute lang. Der Kormoran war fast ausgerottet – er galt als Konkurrent um die Fische. In den letzten Jahren konnte sich die Art jedoch wieder deutlich erholen und der Anstieg des Kormoranbestandes im Bodenseeraum hält ungebrochen an.

Nach unserem Bad oder einer kurzen Verschnaufpause bei einem frisch aufgebrühten Kaffee auf der Terrasse des *Café Restaurant Hörnle* ❺ geht es weiter entlang des Seeufers. Auf der gegenüberliegenden Seeseite erkennen wir den Säntis mit seinem markanten Gipfelaufbau und Sendemast, den höchsten Berg (2503 m) im nahe gelegenen Alpsteingebiet.

Nach dem Verlassen des Strandbads laufen wir weiter entlang des Ufers, nun auf dem *Wendelgardweg.*

Für die Seele

Am ruhigen Ufer des Bodensees genießen wir die wechselnden Ausblicke und lassen uns von der Kulisse verzaubern.

Erfrischungstour 20

Wir stoßen auf ein kurzes Stück asphaltierten Weg, der uns, vorbei an der Bodensee-Therme ❻ mit dem Restaurant Seelig ❼, wieder zurück auf einen Kiesweg führt. Diesem folgen wir und genießen immer wieder den Ausblick nach rechts, auf den Bodensee und auf das gegenüberliegende Ufer. Nach kurzer Zeit liegt rechts von uns der Stiegeler Park ❽, eine historische private Parkanlage mit einer Vielzahl an Pflanzen und altem Baumbestand. Zu bestimmten Zeiten ist dieser nach Voranmeldung auch für Besucher zugänglich. Zu unserer linken Seite liegt ein Kiesstreifen, auf dem unzählige von Hand aufgetürmte Steinmännchen stehen. Schnell machen wir uns an die Arbeit und testen, wie hoch unser Steinmännchen wird. Von diesem Kiesstrand erhaschen wir einen ersten Blick auf die Konstanzer Innenstadt mit dem beeindruckenden Münster. Nun geht es weiter auf unserem Kiesweg über eine kleine Holzbrücke, an der weißen Kapelle vorbei und durch ein kleines Waldstück, bevor wir wieder freien Blick auf den See haben. Nach etwa 200 Metern gelangen wir auf die Seestraße.

Der platanengesäumten Seestraße folgen wir nun, vorbei am Casino Konstanz (rund 450 m) und alten Jugendstillvillen bis zur Rheinbrücke. Kurz vor der Rheinbrücke ❾ haben wir bei klarem Wetter noch einmal prächtige Sicht auf die Berge – von den Allgäuer Alpen bis zum Alpstein. Wir überqueren die Conrad-Gröber-Straße und steigen die Stufen hinauf auf die Rheinbrücke und überqueren diese nun Richtung Stadtzentrum.

Am Bahnübergang angekommen, queren wir diesen und gehen auch gleich über die Hauptstraße, etwa 500 Meter bis zur Hofhalde hinunter, in die wir rechts einbiegen. Wir gehen die Hofhalde entlang durch enge Gassen, gesäumt von kleinen Häusern, bis wir rechts vor uns bereits das Konstanzer Münster ❿ sehen.

Hier stoßen wir auf den Jakobsweg, der von hier

Die Hofhalde ist ein Teil der Konstanzer Niederburg. Sie gilt als der älteste Stadtteil von Konstanz. Enge Gassen und malerische Fassaden, urige Weinstuben und kleine Lokale: Dieser Stadtteil lädt zu entspannten Spaziergängen und erlebnisreichen Shoppingtouren ein.

Auf dem Weg zur Konstanzer Innenstadt

Blick auf die Konstanzer Altstadt mit dem Münster

Erfrischungstour 20

aus noch 2340 Kilometer bis Santiago de Compostela zurücklegt. Wir umrunden das Münster im Uhrzeigersinn und gelangen so zum Haupteingang. Außerhalb von Gottesdiensten ist das Münster auch für Besucher frei zugänglich. Wir werfen einen Blick in das Innere der Kirche und bewundern im Anschluss auf dem Münsterplatz unter einer Glaspyramide noch alte römische Ausgrabungen. Nun wandern wir entlang der Wessenberggasse weiter durch die Konstanzer Altstadt.

Wir gehen vorbei an der Kirche St. Stephan und verwöhnen uns etwa 100 Meter weiter im Voglhaus ⑪ mit einer Tasse Kaffee und einem köstlichen Stück selbst gebackenem Kuchen. Nach dieser kurzen Rast laufen wir hinter dem Voglhaus immer geradeaus auf der Hussengasse, vorbei am Way of Life Calculator, bis zum Hus Museum ⑫. Von dort sehen wir schon auf

Konstanzer Yachthafen

Entlang des Konstanzer Bodenseeufers

das Schnetztor, das lange Zeit als Stadttor diente. Durch dieses massive Bauwerk gehen wir hindurch und biegen nun dahinter nach links in die Bodanstraße ein. Dieser folgen wir für 400 Meter Richtung Bahnhof. Am Kaufhaus Lago überqueren wir die Straße und steigen die Treppen hinauf zur überdachten Brücke über die Bahnschienen. Auf der anderen Seite an den Hafenhallen angekommen, wenden wir uns nach links und halten uns von jetzt an wieder direkt am See – genießen den Blick auf die Segelboote im Konstanzer Yachthafen, lassen noch einmal unser Auge über den Bodensee schweifen und erkennen bei genauem Hinsehen sogar unser sehr geschätztes Strandbad Horn in der Ferne.

Café Restaurant Hörnle

Wir laufen etwa 200 Meter auf der Hafenstraße und stoßen auf der linken Seite auf die Hafenhalle ⑬ mit ihrem schön gelegenen Biergarten, in dem wir uns ein kühles Erfrischungsgetränk gönnen können, bevor wir entlang der verschiedenen Bootsanleger in Richtung Stadtgarten schlendern und in der Ferne bereits die Imperia ⑭ erkennen – das Wahrzeichen des Konstanzer Hafens. Diese 9 Meter hohe und 18 Tonnen schwere Statue thront am äußeren Steg des Hafens und dreht sich innerhalb von 4 Minuten einmal um die eigene Achse. Am Fuße der Statue können wir den aktuellen Wasserstand des Bodensees im Konstanzer Hafen ablesen. Diese Messstelle ist bereits seit 1816 in Betrieb und ist somit der älteste Pegel in ganz Baden-Württemberg. Wir umrunden die Imperia und genießen noch einmal den wunderschönen Blick auf die Hafeneinfahrt, auf die andere Seeseite und

Erfrischungstour 20

das Strandbad Horn. Nachdem wir vom Steg zurückgekehrt sind, gehen wir nach rechts bis zu den **Konzil Gaststätten,** die zu unserer Linken liegen. Hinter diesen wenden wir uns nach links und erblicken bereits den Bahnübergang, den wir hier wieder queren.

Nach dem Bahnübergang halten wir uns rechts und gehen am **Alten Rathaus** vorbei zur Bushaltestelle Konzilstraße/Theater. Das Buswartehäuschen mutet asiatisch an, mit seinem roten Holz und dem nach oben geschwungenen, dunkelgrauen Dach. Kein Wunder, denn es wurde Konstanz im Jahr 2006 von der chinesischen Partnerstadt Suzhou gestiftet.

Von hier bringt uns die Buslinie 1 in etwa 15 Minuten wieder zurück zum Ausgangspunkt, dem Konstanzer Fährhafen.

Alles auf einen Blick

WIE & WANN:
Kies- und Schotterwege, einige asphaltierte Straßen; eine ganzjährige Wanderstrecke

HIN & WEG:
Auto: Parkplatz an der Autofähre Konstanz–Meersburg in Konstanz-Staad, Schiffstraße
(GPS: 47,682496N 9,2096390)
ÖPNV: Von Konstanz Bf. mit der Buslinie 1 zum Fährhafen

ESSEN & ENTSPANNEN:
Fischhaus am Fährhafen ❶ William-Graf-Platz 4-6, 78462 Konstanz, Tel. (0 75 31) 8 07 69 61, www.fischhaus-konstanz.de (Winter: Mo.–Sa. 9–18.30, So./Feiertage geschl.; Sommer: Mo.–Sa. 9–19.30 Uhr)
Café Restaurant Hörnle ❺ Eichhornstraße 100, 78464 Konstanz,
Tel. (0 75 31) 36 78 93, www.hoernle-konstanz.de (Öffnungszeiten saisonal unterschiedlich)
Restaurant Seelig ❼ Zur Therme 2, 78464 Konstanz, Tel. (0 75 31) 36 30 72 00
(So.–Do. 10–22, Fr./Sa. 10–23 Uhr)
Café Voglhaus ⓫ Wessenbergstraße 8, 78462 Konstanz, Tel. (0 75 31) 9 18 95 20,
www.das-voglhaus.de (Mo.–Sa. 8–20, So. 9.30–18 Uhr)
Hafenhalle ⓭ Hafenstraße 10, 78462 Konstanz, Tel. (0 75 31) 2 11 26,
www.hafenhalle.com (Mo.–So. ab 10 Uhr)

ENTDECKEN & ERLEBEN:
Hörle Park ❷   **Lorettowald** ❸   **Strandbad Horn** ❹ Eichhornstraße 100, 78464 Konstanz
Bodensee Therme ❻ Wilhelm-von-Scholz-Weg 2, 78464 Konstanz,
www.bodensee-therme.de (tägl. 10–22, Fr./Sa. bis 23 Uhr)
Stiegeler Park ❽ Hermann-Hesse-Weg 16, 78464 Konstanz, www.stiegeler-park.de,
Führungen nach Voranmeldung
Rheinbrücke ❾   **Münster** ❿ Münsterplatz 1, 78462 Konstanz
Hus Museum ⓬ Hussenstraße 64, 78462 Konstanz
Imperia Konstanz ⓮

Entspannung ✸✸✸✸✸
Genuss ✸✸✸✸✸
Romantik ✸✸✸✸✸

*Die GPS-Daten zu jeder Tour gibt es auf
www.droste-verlag.de*

© 2019 Droste Verlag GmbH, Düsseldorf
3. Auflage 2021
Konzeption/Satz: Droste Verlag, Düsseldorf
Einbandgestaltung: Britta Rungwerth, Düsseldorf, unter Verwendung von Bildern von © Fotolia.com: Andrey Kuzmin; undrey; daboost; niroworld; © Shutterstock.com: iMoved Studio
Fotos: Tatjana Degenhardt und Reinhard Schröter, außer:
S. 6 und 12: Thomas Blasche; S. 26 und 29: Restaurant Burghof; S. 92, 121 (links), 123, 128: Thomas Blasche; S. 137 (Mitte): Roberta Fele, Schaffhausen;
S. 138: Restaurant Park am Rheinfall; S. 149: Thomas Blasche;
S. 179 (unten): Hof Neuhaus; S. 184 (unten) und 189: Café Restaurant Hörnle/Chris Daneffel
Karten: Thorsten David, Bochum
Druck und Bindung: LUC GmbH, Greven

Alle Angaben in diesem Buch wurden sorgfältig recherchiert und geprüft. Für die Richtigkeit der Angaben, für etwaige Unfälle und Schäden jeglicher Art kann keine Haftung übernommen werden; die Nutzung erfolgt auf eigenes Risiko. Abweichungen, die nach Redaktionsschluss erfolgten, konnten nicht mehr berücksichtigt werden. Hinweise und Änderungen nehmen wir gern entgegen.

ISBN 978-3-7700-2080-5
www.droste-verlag.de